韻山漢詩
甲申集

韻山漢詩
甲申集

초판 인쇄	2024년 11월 22일
초판 발행	2024년 11월 29일
지은이	이영주
펴낸이	이대현
편　　집	이태곤·권분옥·임애정·강윤경
디자인	안혜진·최선주·강보민
마케팅	박태훈
펴낸곳	도서출판 역락
주　　소	서울시 서초구 동광로 46길 6-6(반포4동 문창빌딩 2F)
전　　화	02-3409-2060(편집부), 2058(영업부)
팩　　스	02-3409-2059
등　　록	1999년 4월 19일 제303-2002-000014호
이메일	youkrack@hanmail.net
홈페이지	www.youkrackbooks.com
ISBN	979-11-6742-882-0 03810

＊사전 동의 없는 무단 전재 및 복제를 금합니다.
＊파본은 구입처에서 교환해 드립니다.
＊책값은 뒤표지에 있습니다.

甲申集

韻山漢詩

이영주

역락

序

陶鈞道大哉
作戲應嘗苦
浪盡一年久
僅得百器窺

서시

도자기 만드는 물레는
위대하구나
그런 일에 장난쳤으니
고생한 게 마땅하다

일 년 긴 세월을
몽땅 다 쓰고서
짜부라진 그릇 백 개를
겨우 얻었네

'陶鈞(도균)'은 도자기 만들 때 사용하는 물레이다. 천지의 조화를 비유하는데, 이 시에서는 시를 창작하는 일을 뜻한다.

目次

4　序
　　서시

16　偶興
　　흥이 나서 짓다

18　賀朴世東社長萱堂八旬宴
　　박세동 사장 훤당의 팔순 잔치를 축하하다

21　紹修書院學者樹
　　소수서원 학자수

24　景濂亭
　　경렴정

26　詠梅
　　매화

28　詠杜鵑花
　　진달래꽃

30　又詠
　　진달래꽃을 다시 읊다

32　早春山行卽事
　　이른 봄날의 산길에서

34　夜思
　　한밤의 시름

36　安養樓春望
　　봄날에 안양루에서 바라보다

38　祖師堂禪扉花
　　조사당 선비화

40　退溪先生青藜杖
　　퇴계선생의 청려장

42 　陶山書院二詠 洌井
　　　도산서원에서 두 가지를 읊다 열정

44 　陶山書院二詠 蒙泉
　　　도산서원에서 두 가지를 읊다 몽천

46 　陶山梅
　　　도산서원 매화

48 　題天燈山鳳停寺
　　　천등산 봉정사

50 　靈山庵
　　　영산암

52 　燕飛院彌勒佛
　　　제비원 미륵불

54 　春山寄橫天
　　　봄 산에서 횡천에게 부치다

56 　春日閑吟
　　　봄날에 읊다

58 　田家春日漫興
　　　전가田家의 봄날

60 　春山卽事
　　　봄 산에서

62 　山花
　　　산꽃

64 　春日寄友
　　　봄날 벗에게 부치다

66 　春日遣興
　　　봄날의 상념

68   昨夜
      어젯밤

70   詠酒肆犬
      술집 개를 읊다

74   挽岳母
      장모 만사

76   憶昔訪杜甫草堂次草堂韻
      예전에 두보의 초당을 방문한 일을 생각하며 초당시의 운을 따라 짓다

78   寄龜巖齋主人二首 其一
      구암재 주인에게 부치다 제1수

80   寄龜巖齋主人二首 其二
      구암재 주인에게 부치다 제2수

82   初夏田村
      초여름 시골 마을

84   初夏卽景
      초여름 풍경

86   遊山閒吟
      산을 노닐며 한가로이 읊조리다

88   仗忠閣夏情
      장충각의 여름날 정취

90   田家偶吟
      농가에서 우연히 읊다

92   田家述懷寄京城諸友二十八韻
      농가에서 감회를 적어 서울의 여러 벗에게 28운 시를 부치다

100 田家曲
      농가의 노래

102 欅下之夢
　　느티나무 아래의 꿈

104 淸晨聽鳥
　　이른 아침에 새소리를 듣다

108 遣興
　　심사를 달래다

110 布穀鳥
　　뻐꾸기

112 過金泉市聞說此地舊稱金陵域內有鳳凰臺忽憶李白詩因次其韻誌感
　　김천시에 들렀다가 이곳의 옛 명칭이 금릉성이었으며 시내에 봉황대가 있다
　　는 말을 듣고는 문득 이백의 시가 생각나서 그 시에 차운하여 감회를 적다

114 問鴻山
　　홍산에게 묻다

116 田家夜讀書
　　농가에서 밤에 책을 읽다

118 夏日宿仗忠閣
　　여름날 장충각에서 묵다

120 村夕
　　시골의 저녁

122 村夜
　　시골의 밤

124 弔落齒文
　　빠진 이를 애도하는 글

130 遊海南島三亞市想東坡事五首 其一
　　해남도 삼아시를 노닐다가 동파의 일을 상상하다 제1수

132 遊海南島三亞市想東坡事五首 其二
　　해남도 삼아시를 노닐다가 동파의 일을 상상하다 제2수

134 遊海南島三亞市想東坡事五首 其三
　　해남도 삼아시를 노닐다가 동파의 일을 상상하다 제3수

136 遊海南島三亞市想東坡事五首 其四
　　해남도 삼아시를 노닐다가 동파의 일을 상상하다 제4수

138 遊海南島三亞市想東坡事五首 其五
　　해남도 삼아시를 노닐다가 동파의 일을 회상하다 제5수

140 宿田家書懷
　　농가에서 묵으며 감회를 쓰다

142 閒思
　　한가한 생각

146 雨中問鴻山
　　비 내리는 날 홍산에게 묻다

148 寄鴻山
　　홍산에게 부치다

150 車中聽歌寄後凋堂三首 其一
　　차 안에서 노래를 듣고 후조당에게 부치다 제1수

152 車中聽歌寄後凋堂三首 其二
　　차 안에서 노래를 듣고 후조당에게 부치다 제2수

154 車中聽歌寄後凋堂三首 其三
　　차 안에서 노래를 듣고 후조당에게 부치다 제3수

156 夏野漫興
　　여름 들판에서의 흥취

158 淨芳寺望忠州湖
　　정방사에서 충주호를 바라보다

164 遊淨芳寺用陶弘景韻寄人
　　정방사를 노닐다가 도홍경의 운을 써서 사람에게 부치다

| 166 | 戲論延年方示人
  장수 비법을 장난삼아 논해 사람에게 보여주다
| 168 | 子規
  자규
| 170 | 山宿
  산에서 묵다
| 172 | 流星二首 其一
  유성 제1수
| 174 | 流星二首 其二
  유성 제2수
| 176 | 宿山寺
  산사에서 묵다
| 178 | 酒德歌
  술의 덕을 노래하다
| 186 | 熱帶夜
  열대야
| 188 | 夏夜酒肆邀友見拒故戲作以寄之
  여름밤 술집에서 벗을 불렀지만 거절당했기에 장난삼아 지어서 부치다
| 190 | 夢仙
  꿈에 선경仙境에서 노닐다
| 192 | 敬次凝窩先生晚歸亭韻贈小南
  응와선생의 만귀정 시에 삼가 차운하여 소남에게 주다
| 194 | [原韻]
  [원운]
| 196 | 申年秋日有感
  갑신년 가을의 소감

198 秋日寄東峯
　　가을날 동봉에게 부치다

200 醉言贈小南
　　취하여 한 말을 시에 써서 소남에게 주다

202 放言再贈
　　허튼 말을 하여 다시 소남에게 주다

204 秋思
　　가을날의 상념

206 秋日田家述懷
　　가을 농가에서 감회를 적다

208 戲作謝霞村山菜之惠
　　장난삼아 지어서 하촌이 산나물을 보내준 것에 감사하다

210 蛛網露
　　거미줄의 이슬

212 秋池
　　가을 연못

214 奉化路向覺華寺
　　봉화 길에서 각화사로 향하다

216 林檎
　　능금

218 遊覺華寺
　　각화사를 노닐다

220 山寺秋懷
　　산사의 가을날 감회

222 戲贈賜牌山故人
　　사패산에 사는 벗에게 장난삼아 써 주다

225 安眠島偶吟
안면도에서 우연히 읊다

228 泰安磨崖三尊佛
태안 마애삼존불

230 淺水灣觀鳧
천수만의 오리 풍경

232 月曆贈送鴻山見寄謝意次韻答之二首 其一
달력을 홍산에게 보냈더니 감사하다는 뜻으로 시를 보내왔기에 차운하여 답하다 제1수

234 月曆贈送鴻山見寄謝意次韻答之二首 其二
달력을 홍산에게 보냈더니 감사하다는 뜻으로 시를 보내왔기에 차운하여 답하다 제2수

236 [原韻]
[원운]

238 看月島
간월도

240 讀郭有道碑文
곽유도의 비문을 읽다

243 將進酒
술을 드시라

248 冬暖異常
겨울이 이상하게 따뜻하다

250 秋史古宅白松
추사 고택의 백송

252 購得阮堂歲寒圖印本贈後凋堂
완당의 세한도 영인본을 사서 후조당에게 주다

254 冬日懷川步
    겨울날 천보를 생각하다

256 [답시] 答韻山
    [답시] 운산에게 답하다

258 歲暮憂時
    세모에 시국을 걱정하다

261 天才論
    천재론

268 謝鴻山惠雉醬
    홍산이 내게 꿩장을 준 것에 감사하다

270 贈芸庭
    운정에게 주다

272 東峯見訪惠梨時吾不在家
    동봉이 날 찾아와서 배를 선물했는데 당시 내가 집에 없었다

274 寄益山
    익산에게 부치다

276 歲暮有感
    세모의 감상

278 除夜嘆
    섣달그믐에 탄식하다

偶興

率性求閒逸
焉辭營運窮
亦知眞樂境
常伴蠹書蟲

흥이 나서 짓다

내 천성 따라
편안하고 한가로운 삶을 찾으니
생계가 곤궁함을
어찌 마다하리오

참된 즐거움의 경지는
그래도 알고 있어서
책을 좀먹는 책벌레와
언제나 함께 지낸다

'營運(영운)'은 생계를 뜻한다.
일없이 편히 살려고 하면 생계가 어려운 것 받아들여야 한다.

賀朴世東社長萱堂八旬宴

大耋康寧似壯年
善因善果理當然
兩家姑舅孝誠盡
一族子孫慈育全
矍鑠可期黃髮壽
淸閒自享紫霞緣
彩衣獻壽歡筵日
遙表微衷寄賀箋

* 朴社長先大人以獨子出繼伯父後(박 사장의 선친은 외동아들인데 백부의 양자가 되어 그 집안의 대를 이었다.)

박세동 사장 훤당의 팔순 잔치를 축하하다

여든이시지만
강녕하기가 장년 같구나
선한 일을 많이 하셔서 이렇게 된 것이리니
이치상 당연하다

두 집안의 시부모에게
효성을 다하셨고
일가의 자손을
사랑으로 온전하게 키우셨지

눈빛이 형형하니
황발黃髮의 장수長壽를 기대할 수 있고
맑고 한가롭게 사는 삶
자줏빛 노을 있는 선계仙界의 연분을 누리시리라

색동옷으로 축수하는
즐거운 잔칫날
멀리서 성의를 표하느라
축하 시를 부친다

> 박 사장의 부친이 백부 집에 양자로 갔으니, 모친은 두 집안 부모를 모두 모셔야 했을 것이다.

사람의 머리칼은 나이가 들면 하얘지고 더 나이가 들면 다시 노란 빛으로 바뀐다고 한다. 따라서 '黃髮(황발)'은 장수의 표징表徵이다.

'紫霞(자하)'는 신선세계를 뜻한다.

《명심보감》에 "一日淸閒一日仙.(하루 맑고 한가롭게 살면 그날 하루는 신선이다.)"이라는 말이 있다. 박 사장의 모친이 앞으로 늘 맑고 한가롭게 사시기를 바란다.

紹修書院學者樹

何處樹林稱最榮
白雲洞裏古松貞
或聞參入朝官秩
可比承當學者名
敬立似知留字意
高儀應慣誦經聲
往年標格幸餘此
書院淸風長繼盈

* 樹林對方有敬字石相傳先儒刻字(숲 맞은편에 경자석이 있다. 전해지는 말로는 선유가 그 글자를 새겼다고 한다.)

소수서원 학자수

어느 곳 숲의 이름이
가장 영예로울까
백운동 안의 오랜 소나무
곧기도 하다

나무가 벼슬아치의 품계를 받았다는 이야기를
듣기도 하였지만
학자라는 이름을 받은 것에
견줄 수 있겠는가

공경스레 서 있는 것 보니
경敬이라는 글자를 남긴 뜻을 알고 있는 듯
고상한 몸가짐 갖춘 것은
경전 읽는 소리에 익숙해서겠지

지난 시절의 그 품격이
다행히도 여기에 남아 있으니
서원의 맑은 바람이
이 숲에 오래도록 이어져 가득하리라

정이품 소나무가 있다. 소나무가 판서의 반열에 오른 셈이지만, '학자'라는 명칭을 얻은 영광에 견줄 수 있겠는가? 소수서원 앞에 있는 경렴정景濂亭 밑에 죽계천이 흐르고 그 맞은편에 경자석敬字石이 있다. 붉은 글씨로 '敬(경)' 자 한 자를 새겨 놓은 작은 바위인데, '거경궁리居敬窮理'라는 성리학의 학문 정신, '사사경事思敬'이라는 공자의 가르침 등을 생각하게 한다.
'淸風(청풍)'은 서원의 맑은 기품을 뜻하면서 소나무 숲에 부는 맑은 바람도 뜻하는 중의적 표현이다.
함련은 제1구의 '稱最榮(칭최영)'을, 경련은 제2구의 '古松貞(고송정)'을 이어받도록 시상을 배치하였다.

景濂亭

    倚檻看溪水
    遊人自斂襟
    潺湲雖狹小
    却是道源深

* 亭在紹修書院亭名取景慕濂溪之意也(정자는 소수서원에 있다. 정자의 이름은 염계 주돈이周敦頤 선생을 경모한다는 뜻을 취하였다.)

경렴정

난간에 기대
개울 물을 바라보다가
노니는 이
절로 옷깃을 여민다

졸졸 흐르는 모습
비록 좁고 작지만
그래도 이곳이
도학의 깊은 근원지이지

소수서원은 우리나라 유학의 시조라 할 수 있는 안향安珦 선생을 배향하기 위해 설치되었다. 주돈이는 중국 송宋나라의 유학자로 신유학新儒學의 원조 중 한 사람이다.

詠梅

瓊姿煥發誘人來
樹下攀枝日幾回
何事聞葩延佇久
欲分清氣滿沾顋

매화

옥 같은 모습 환하게 피어나
사람을 오게끔 하니
나무 아래서 가지 부여잡은 게
하루에 몇 번이던가

무슨 일로 꽃 냄새 맡으며
이리도 오래 서 있나
맑은 기운 나누어 받아
얼굴 가득 적시고 싶어서라네

詠杜鵑花

每隨杜魄發婷婷
千歲紅如血吐盈
假使情踪爲化石
瓣斑凝印促歸聲

진달래꽃

매번 두우杜宇의 혼백을 따라
아름답게 피어나니
피를 가득 토한 듯 붉은빛
천년토록 선명하다

그 마음의 자취가
화석化石이 된다면
돌아가자고 재촉하는 소리가 응결되어
꽃잎에 새겨지겠지

촉蜀 나라의 망제望帝인 두우가 신하에게 나라를 빼앗기고 쫓겨나서 한을 품고 죽어 두견이가 되었고, '돌아가야지' 하며 울다가 피를 토하니 그곳에 붉은빛 진달래가 피었다는 전설이 있다. 진달래꽃을 보면 무언지 모르는 한이 느껴져 그 전설이 허황되게만 느껴지지는 않는다.
수구首句는 인운자隣韻字로 압운하였다.

又詠

紅染疑心棘
夭容春意紛
深山少人到
情火向誰焚

진달래꽃을 다시 읊다

발그레한 얼굴은
부끄러워서인가
어여쁜 모습에
춘정春情이 가득하다

깊은 산이라
오는 사람 없으니
마음의 불
누구 향해 태우나

진달래꽃에서 느껴지는 한은 혹 사랑 때문일까?

早春山行卽事

斜陽寂寂春山路
引眼杜鵑唯發榮
十里獨行無別事
衆禽欲辨子規聲

이른 봄날의 산길에서

적적한 석양
봄날의 산길
진달래만 피어서
눈길을 끈다

십 리 길 혼자 가는데
달리 할 일 없어서
뭇 새 지저귀는 속에서
자규 소리 찾아본다

진달래가 피었으니 어디에 두견이가 있나 하고 귀 기울인다. 나중에 안 사실이지만 두견이는 주로 여름에 나타나니 헛일을 한 셈이다. 그러나 진달래밖에 달리 볼 게 없는 이른 봄날의 산행에서 이런저런 새소리가 무료함을 달래줄 수 있었다.

夜思

蒹葭已暗夜汀幽
遙想伊人獨坐樓
香夢破曾隨水沒
美情殘尙入風浮
顆星耿耿光爲浪
弦月漂漂形似舟
今把片心能寄遠
天河乘載渡長流

한밤의 시름

갈대 어둑한 밤의 물가
조용한 때
그 사람 생각하며
홀로 누대에 앉았다

향기로운 꿈 깨어져
물 따라 사라졌건만
아름다운 정은 남아
아직도 바람에 들어 떠다닌다

반짝거리는 작은 별들
그 빛이 물결을 이루고
흘러가는 반달의 모습
배를 닮았다

한 조각 마음을
저 달에 실어
길고 긴 은하수 지나서
멀리 부칠 수 있으려나

安養樓春望

爲望下地暫憑樓
景擾吾心不自由
風暖近林花似幻
塵遮遠岳嶂疑浮
金鎞可刮愚人膜
夜壑難藏昧者舟
何以頓醒春夢境
華嚴世界得長留

* 樓在浮石寺(안양루는 부석사에 있다.)

영주 부석사는 화엄종 사찰이다. 그곳 안양루에서 내려다보니, 가까운 곳에는 꽃이 봄을 만나 환영처럼 아름답게 피어 있다. 멀리 둘러싼 산에는 먼지인지 안개인지 알 수 없는 것이 뿌옇게 끼어 있고 그 위에 산봉우리만 보여 마치 떠 있는 듯하다. 봄날의 전형적인 풍경인데, 그것이 풍진風塵 세상의 허망함을 환기시키니 이를 보는 심사가 편치 않다.
'金鎞(금비)'는 맹인의 눈에 덮인 흰 막을 긁어내어 눈을 치료하는 의료용 도구이다. 《열반경涅槃經》에는 이것으로 눈을 치료하는 이야기를 들어 깨달음에 대해 설명하였다. 금비로 맹인의 눈을 치료할 수는 있겠지만 어리석은 이의 마음의 눈도 과연 치료할 수 있을까?
《장자莊子·대종사大宗師》에 '어리석은 이가 자신의 배를 누가 훔쳐 갈까 걱정되어 골짜기에 깊이 숨겨 두어도 한밤에 힘센 자가 나타나 그것을 짊어지고 가버린다'는 이야기가 나온다. 우리 인간이 어떤 것을 소중하게 여겨 빼앗기지 않으려고 애를 써도 무한한 힘을 가진 자연의 섭리로 인해 그것을 지킬 수 없다는 사실을 비유적으로 설명한 것이다. 청춘 시절 그리고 아름다운 봄 풍경, 다 붙잡아 두고 싶다. 그러나 그것은 가능하지 않은 허망한 바람일 뿐이다.

봄날에 안양루에서 바라보다

절 아래 세상을 바라보려고
잠시 누대에 기댔더니
경물이 내 마음을 어지럽혀
편치 않구나

바람이 가까운 숲을 따뜻하게 하니
꽃이 환영幻影인 듯 피어나고
먼 산은 먼지로 아득히 가려져 있어
봉우리가 마치 그 위에 떠 있는 듯하다

맹인의 눈을 치료하는 쇠칼로
어찌 어리석은 이의 눈에 덮인 막을 긁어낼 수 있으랴
밤의 골짝으로는
몽매한 자의 배를 숨길 수 없다

허망한 봄날의 꿈에서
어찌하면 한순간에 깨어나서
수많은 꽃이 장엄莊嚴하는 불법의 세계에서
길이길이 머물 수 있을까

祖師堂禪扉花

已經千歲長
不越祖師顙
自樂禪三昧
以忘外體養

* 堂在浮石寺(당은 부석사에 있다.)

조사당 선비화

이미 일천 년을
자랐건만
그 키가
조사의 이마를 넘어서지 않는다

선禪 삼매경을
즐기느라
몸체 기르는 것
잊었나 보다

부석사의 조사당 처마 밑에 있는 선비화는 의상대사가 심은 것이라고 한다. 그렇다면 수령이 천년을 훨씬 넘었을 것인데 그 키가 사람 키만도 못하다. 당 안에 모신 조사상보다 더 높아지는 게 미안해서일까? 아니면 선 삼매에 빠져 자라는 것을 잊어버려서일까? 여하튼 희한한 현상이다.

退溪先生靑藜杖

只是一藜杖
儒宗遺品珍
多瘤嫌態醜
潤澤覺情親
窮理拄皴頰
吟詩扶醉身
花開似今日
忘老必尋春

* 杖是陶山書院玉振閣所藏品(지팡이는 도산서원 옥진각 소장품이다.)

퇴계선생의 청려장

하나의 명아주 지팡이일 뿐이지만
유종儒宗의 진귀한 유품이다
옹이가 많아 꼴은 추해 보여도
윤기가 반지르르한 게 친근감을 느끼게 한다

이치를 궁구하실 때 주름진 얼굴을 괴었을 터
시를 읊조리실 적엔 취한 몸을 부축했겠지
오늘처럼 꽃이 핀 날이면
늙은 나이 잊고 봄을 찾아 나서게 했으리라

지팡이 표면의 윤기는 선생의 손때[手澤]가 아직 남아 있어서일까? 오래 보관하려고 니스칠을 했기 때문이겠지만, 나는 그것이 손때인 것처럼 느껴져 정이 간다.

陶山書院二詠 洌井

井泉道何在
常靜又常淸
飮洌醒腦性
每念持心貞

도산서원에서 두 가지를 읊다 열정

우물 샘의 도道는
어디에 있나
언제나 잔잔하고 언제나 맑은 게
바로 그것이지

차가운 물 마시면
정신을 깨워 주어
바른 마음가짐을
매번 생각하게 되리라

陶山書院二詠 蒙泉

山下泉爲蒙
處險流無逕
盈科後進海
養正可期聖

도산서원에서 두 가지를 읊다 몽천

산 아래에서 나오는 샘물
그것이 몽천蒙泉이니
험한 곳에 있어서
흘러갈 길이 없다

웅덩이를 채운 뒤
바다에 나아갈 수 있듯이
바른 마음을 길러야
성인의 경지를 기대할 수 있으리라

생도가 바른 마음을 수양하여 훌륭한 사람이 되기를 바라는 마음에 '몽천'이라 이름하였을 것이다.
《주역》'몽蒙' 괘에 "山下出泉, 蒙.(산 아래에서 샘물이 나오는 것이 '몽'이다.)"이라는 말이 있다. 《맹자·이루하離婁下》에 "원천의 샘물이 솟아 나와 밤낮을 그치지 아니하여 웅덩이를 채운[盈科] 뒤에 흘러가서 사해四海에 이른다."라는 말이 있다. '養正(양정)'도 몽괘에 나오는 말이다.

陶山梅

梅盆常置書床側
易簀猶祈其潤生
今爲先生承節祀
後人來此挹芬清

도산서원 매화

매화 화분
늘 책상 곁에 두셨고
당신의 임종臨終 때에도
오히려 그것이 윤택하게 살기를 바라셨지

선생을 위하여
매화나무가 지금 절우사節友社를 이었으니
후세 사람이 이곳에 와서
맑은 향기 얻는다

'易簀(역책)'은 대나무 자리를 바꾼다는 뜻이다. 증자曾子가 죽기 전에 자기가 깔고 있던 대나무 자리가 자신의 지위와 맞지 않으니 바꾸라고 한 고사에서 연유한 말로 사람이 죽는 것을 뜻한다.
퇴계선생은 도산서원에 소나무, 대나무, 매화, 국화 등을 심어 놓고 절우사라 이름하며 즐겼다. 특히 매화를 아껴서 평생 분매盆梅를 가까이 두었고, 그것에 물을 주라는 것이 마지막 유언이었다.

題天燈山鳳停寺

梵殿楹梁最古稱
相傳奇事杳難徵
祥區卜用紙爲鳥
顯性牖由天點燈
塵海幻中離不得
靈山眞際覺何曾
夙緣今到鳳停地
佛乘或期吾亦登

* 寺在慶北安東相傳義湘大師建浮石寺後投飛紙鳳而建寺於其停落處卽此寺也大師有一門徒名曰能仁大德其在洞窟修道時有一仙女降來明燈火以照其處(절이 경북 안동시에 있다. 전해지는 이야기로는 의상대사가 부석사를 창건한 뒤 종이로 만든 봉황새를 던져 날리고 그것이 떨어진 곳에 절을 지었는데 그곳이 바로 이 절이라고 하며, 의상대사에게 이름이 능인대덕인 문도가 있었는데 그가 동굴에서 수도할 때 선녀가 내려와 등불을 밝혀 그곳을 비추어 주었다고 한다.)
* 境內有極樂殿是吾國最古之木造建築物(경내에 극락전이 있는데 이것이 우리나라에서 가장 오래된 목조건축물이다.)

천등산 봉정사

불전의 기둥 들보
가장 오래된 것이라 하는데
전해지는 기이한 일은
아득히 먼 이야기라 실상을 알 수 없구나
상서로운 곳 점치느라
종이로 만든 새를 이용하였고
어리석은 천성 깨우친 것은
하늘에서 불을 밝혀 주어서라지

티끌 바다 환몽 속을
벗어나지 못했으니
영취산 참된 경지를
깨우친 적 있었던가
묵은 인연으로
오늘 봉황새 멈춘 곳에 오게 되었으니
나 또한 불법의 수레에 탈 수 있기를
혹여 기대할 수 있을까

靈山庵

身入雨花樓下徑
卽聞春樹馥芸芸
廂房四合藏靈地
淸淨自無塵事紛

* 庵在鳳停寺境內通雨花樓以入之(영산암은 봉정사 경내에 있다. 우화루를 통해 그곳에 들어간다.)

영산암

우화루 아래에 있는 길을
몸이 들어서자마자
봄날의 나무 향내
물씬 풍긴다

절집의 곁채가 사방으로 둘러싸서
신령한 땅을 감추었으니
청정한 그곳에는
홍진紅塵의 어지러움이 절로 없구나

燕飛院彌勒佛

刻崖千歲臨郵置
來往都爲幾許人
過訪遇參香火列
仰瞻應有劫波因
脂脣功德却汚像
砍頸風聞何害神
石塊無關加被力
祈求唯在信心眞

* 院在安東佛像頭部用石塊雕之以置磨崖上相傳壬亂時明將李如松以刀砍頸近年一信徒費工而臙脂塗脣今看脣脂流出汚染佛顔(제비원은 안동에 있다. 불상의 머리 부분은 바위에 그 모양을 조각하고, 그것을 부처의 몸을 새긴 벼랑 위에 올려놓은 것이다. 임진왜란 때 명나라 장군 이여송이 칼로 목을 잘랐다는 이야기가 전해진다. 근래 한 신도가 돈을 들여 입술을 붉은 연지로 칠했는데, 지금 보니 입술의 연지가 흘러나와 불상의 얼굴을 더럽혔다.)

제비원 미륵불

바위에 새긴 불상
천 년 동안 역참驛站을 내려다보았으니
여기를 오고 간 사람
도대체 얼마일까
지나다가 들러서
우연히 향 바치는 사람 줄에 나도 끼었으니
이렇게 우러러 뵙게 된 것은
억겁의 인연 때문이겠지

입술에 붉은 연지를 칠한 공덕은
도리어 불상을 더럽혔을 뿐
목을 베었다는 풍문도
어찌 그 신령스러움을 해치리오
돌덩어리는
부처님의 가피력加被力과 무관한 것
기도하여 바라는 일을 이루는 것은
오직 진실한 신심에 달려 있을 터이니

제비원의 원래 이름은 연비원燕飛院이다. 그 옆에 연미사燕尾寺가 있다. 불교는 불상을 만들어 숭배하기에 상교象敎라고도 한다. 하지만 부처님의 가피력은 그 불상이 주는 것이 아니라 신도의 간절한 믿음으로 얻는 것이니, 불상을 꾸미거나 손상하는 게 무슨 상관이겠는가?
'香火(향화)'와 '劫波(겁파)'는 차대借對이다.
제5구의 요拗를 제6구의 제5자를 평성으로 하여 구救하였다.

甲申集 53

春山寄橫天

共遊恍惚一留蹤
趾步經年不再逢
嗟看岩花何寂寂
獨聆谷水自淙淙
撫心至夕將廻路
穿眼移時又佇峰
君邑春山應更好
向吾交際太疎慵

* 橫天吾友南基洪之雅號(횡천은 나의 벗인 남기홍의 아호이다.)

봄 산에서 횡천에게 부치다

함께 놀던 일 아련하기만 한데
한번 자취 남기고는
해가 지나도록
그대 발걸음을 다시 만나지 못했구려

바위 위 적적하게 핀 꽃을
탄식하며 보다가
절로 흐르는 골짝의 물소리를
나 홀로 듣고 있소

마음 달래던 중에 저녁이 되어
길을 돌리려다
먼 곳을 눈이 뚫어져라 바라보면서
한참을 다시 봉우리 위에 서 있다오

그대 사는 곳의 봄 산이
이곳보다 더 좋겠지만
그렇다고 해도
나와의 사귐에는 너무 소홀한 게 아닐는지

春日閑吟

渾元一氣道心淸
來往四時形器成
霄斗建寅新律呂
谷風調雨數陰晴
花庭今煥紫紅色
禾畝將高耕稼聲
衰鬢猶能感春意
餘年更欲始吾生

'混元一氣(혼원일기)'는 천지의 기운이다. '道心(도심)'은 '천리天理'를 뜻한다. '建寅(건인)'은 북두칠성의 자루가 인寅의 방향을 향하는 때로 음력 정월을 가리킨다.
《시경·패풍邶風·곡풍谷風》에 "習習谷風, 以陰以雨.(온화한 곡풍이 흐리게 하고 비를 내린다.)"라는 말이 있다. '곡풍'은 동풍이다.
전대격全對格이다. 제7구는 요구拗救를 하였다.

봄날에 읊다

자연의 한 기운에
천도天道의 마음이 맑고
오고 가는 네 계절이
만물을 만들어낸다

북두성 자루가 인寅의 방향을 가리켜
새해가 시작되더니
동풍이 비를 적당히 뿌려
날이 자주 흐렸다 맑았다 한다

꽃 핀 뜰이
지금 울긋불긋 빛나니
벼 심을 논에는
앞으로 농사짓는 소리가 높아지겠지

쇠한 살쩍이지만
아직도 봄기운에 감응할 수 있으니
남은 세월
나의 삶을 새로 시작하련다

田家春日漫興

閑居村墅豈無聊
眼引佳時詩料饒
氣促庭花粧艶臉
風撩陌柳動纖腰
耽情覓句神精耗
寫景成章口脣焦
塵外呻吟何玩物
平生痼癖未全消

전가田家의 봄날

한가롭게 지내는 시골집이라고
어찌 무료하랴
좋은 시절 글감이 많아
눈길을 끈다

봄기운이 뜰의 꽃을 다그치니
어여쁜 얼굴 단장하고
바람이 길가 버들을 꼬드기니
가는 허리 살랑거린다

그 정취에 빠져 구절을 찾다 보니
정신이 닳아 없어지고
경물을 그려서 글을 만드느라
입술이 타들어 간다

어째서 외물에 마음 뺏기어
이 풍진 밖 세계에서 신음하고 있나
평생의 고질병이
아직도 다 없어지지 않아서겠지

─────
시골집을 찾은 것은 쉬려고 해서인데 봄 경치에 빠져 시 짓느라 골머리를 썩이고 있으니, 무언가 잘못되어도 크게 잘못되었다.

春山卽事

谷神不老永年靑
況是春山活氣盈
微雨過浮嵐影潔
和風吹碎鳥啼明
花林引眼迷魂久
雲嶺盪胸移步輕
怪我忽如靈府換
新詩口占自多成

《노자》에 "산골짜기의 신[谷神]은 죽지 않는다."라는 말이 있다. 산골짜기의 신은 자연自然의 도道를 뜻한다.
'靈府(영부)'는 '정신이 사는 집'이란 의미로 마음을 뜻한다. 《장자·덕충부德充符》에 이 어휘가 나온다.
수구는 인운隣韻으로 압운하였다.

봄 산에서

산골짝 신령은 늙지 않아
영원히 푸른데
하물며 봄 산이라
활기가 넘치는구나

가랑비 지나가자
깨끗한 산 기운이 떠다니고
부드러운 바람 불자
밝은 새소리가 부서진다

숲의 꽃이 눈길을 끌어
한참을 넋 나간 듯 바라보다가
고개 위 구름이 가슴을 후련하게 씻어주어
가벼이 걸음을 옮긴다

이상하다
내 심령心靈이 갑자기 바뀌었나
여러 편의 새 시가
입에서 나오는 대로 지어지다니

山花

山花氣味清
幽處獨衰榮
潔爲洗嵐滴
閑如聽鳥鳴
發香何有相
落影却無聲
暫對天眞趣
心機自覺輕

산꽃

맛이 맑은
산꽃
그윽한 곳에서
홀로 피고 진다

깨끗한 자태는
촉촉한 산 기운에 씻겨서인가
한가롭게 서 있으니
새소리를 듣고 있는 듯

향기를 발하지만
어찌 자신의 모습을 내세우랴
떨어질 때에도
아무런 소리를 내지 않는다

잠시 이 천진한 정취를
마주하고 있다 보니
기심機心이 가벼워짐을
절로 느낀다

'相(상)'은 모습을 뜻하는 말인데, 불교에서는 육도六道를 윤회하는 몸체를 실재하는 존재로 잘못 알 때 이 말을 쓴다. 이른바 '아상我想', '인상人相' 등이 그것이다. 이 시에서는 '형상'과 '아상我相' 두 가지 뜻을 함께 가진다.

春日寄友

山山花影亂
徑徑草光多
可人期不至
奈此酒樽何

봄날 벗에게 부치다

이 산 저 산에
꽃 그림자 어지럽고
이 길 저 길에
풀빛이 많다

마음 맞는 자네가
약속하고도 오지 않으니
이 술통의 술은
어찌하나

春日遣興

何貪有主物
春色貪無妨
野徑日循賞
校樓頻倚望
雖迷胡蝶夢
猶避魯禽傷
名利非吾得
唯求山水藏

《장자·지락至樂》에 보면, 어떤 바다새[海鳥]가 노魯나라 교외에 왔는데 노나라 제후가 종묘에 데려와 좋은 음식과 훌륭한 음악으로 대접하였더니 새가 어지러워하며 슬퍼하다가 조금도 먹지 않고 죽어버렸다고 한다. 사람들이 좋다고 하는 것도 내 천성에 맞지 않으면 도리어 해가 된다는 사실을 알려주는 우언이다. '魯禽(노금)' 구는 이 우언의 뜻을 썼다.
부귀와 공명은 임자가 있으니 탐할 게 아니다. 아름다운 봄빛은 산수 속에 무진장으로 있는 보물 중 하나로 누구라도 그것을 누릴 수 있다. 이것에 취하여 살면 비록 인생이 덧없는 것인 줄 모르고 사는 몽매함이야 있겠지만, 그래도 명리를 탐하여 아웅다웅 사는 삶보다야 낫지 않겠는가?
수련은 출구의 하삼측下三仄으로 대구의 하삼평下三平을 요구拗救하였다. '胡蝶(호접)'과 '魯禽(노금)'은 차대借對이다. '호' 자가 지명을 뜻하는 경우도 있기 때문에 그것을 빌어 짝을 맞춘 것이다.

봄날의 상념

주인 있는 물건을
어찌 탐하랴
봄빛이야
탐해도 무방하니
야외에서는 길 따라가며
매일 즐기고
학교에 나오면 난간에 기대어
자주 바라본다

비록 나비의 꿈에
미혹될지라도
노나라 새의 재앙은
피할 수 있을 터
명리는
내가 얻을 게 아니니
산수 속의 무진장無盡藏
그것만을 가지려 한다

昨夜

天台阮郎跡
巫峽楚王心
昨夜仙遊短
今朝人恨深

어젯밤

천태산에서 놀던 완랑의 자취
무협의 신녀와 잠잔 초나라 왕의 마음
어젯밤 신선 놀이는 짧고
오늘 아침 사람의 한은 깊다

한나라 명제明帝 영평永平 5년 섬현剡縣 사람 유신劉晨과 완조阮肇가 함께 천태산天台山에 들어갔다가 여인 두 명을 만나 반 년 정도 노닐었는데 다시 고향으로 돌아오니 일곱 세대가 지나갔다고 한다. 남조 송宋나라 유의경劉義慶이 엮은 《유명록幽明錄》에 나오는 이야기이다.
옛날에 초나라 왕이 무산巫山의 신녀를 만나 하룻밤을 지냈는데 그 신녀가 떠나면서 "저는 아침에는 무산의 구름이 되고 저녁에는 비가 됩니다"라고 하였다. 이른바 운우지정雲雨之情의 고사인데, 송옥宋玉이 지은 〈고당부高唐賦〉에 이 이야기가 나온다.
오언절구 전대격全對格이다. 제1구는 요구拗救를 하였다.

詠酒肆犬

早晨散步每急佇
因見犬跪酒肆戶
我素多怯忌畜生
白晝身避心暗拊
況且卯時路未明
遽容慌態如見虎
相見時久情漸親
色貌舉止始詳覩
向客掉尾示情意
左右擦身態媚嫵
無人時却似亡一
骨相宜屬上質譜
犬德與主必相宜
始問養此都是誰
夫妻兩人皆青年
終夜沽酒日孜孜
犬亦不眠待破曉
迎送當戶不敢離
近日風氣何險兇
身似磬折心藏鋒
賃力雇借爭傭直
對于所任或惰慵

勿言犬是微物賤
人世罕有如是忠
傳聞有犬漢王養
舔藥隨人向天上
好事家說雖虛誕
何疑因果法無枉
主應今世鉅富得
犬待來世好緣享

술집 개를 읊다

이른 새벽 산보하다 매번 급히 발을 멈춰 섰으니
술집 문 앞에 쪼그리고 앉은 개를 보았기 때문이다
나는 평소 겁이 많아 축생을 싫어하니
대낮에도 몸을 피하고서 가슴을 몰래 쓸어내렸는데
하물며 새벽 여섯 시 길이 아직 어두운 때라
놀란 얼굴에 황망한 모습이 마치 범이라도 본 듯했지

이 개를 본 지 오래되어 점점 정이 드니
모습과 행동을 찬찬히 살피게 되었다
손님을 향해 꼬리를 흔들어 다정한 뜻 알려주고
좌우로 몸 비빌 때는 귀여운 모습 짓더니
사람이 없을 때면 도리어 자신도 잊은 듯 가만히 있으니
그 골상은 의당 상등上等의 혈통에 속하리라

개의 덕성은 그 주인과 일치하는 법이어서
이 개를 기른 이가 도대체 누구인지 처음으로 알아보았다
술집 주인 부부는 모두 젊은이
밤새 술을 팔며 매일 부지런하니
개 또한 자지 않고 날 밝을 때까지 기다리며
손님 맞고 손님 보내느라 문 앞을 감히 떠나지 않는다

요새 풍속이 얼마나 흉악한가

경쇠처럼 허리를 잔뜩 굽히지만 마음에는 칼끝을 감추고 있고
품팔겠다고 하여 고용하면 노임은 다투면서
맡은 바 일은 혹 게을리한다
개를 천한 미물이라 말하지 마라
인간 세상에는 이렇게 충직한 이가 드물다네

듣건대 옛날 한나라 왕이 기르던 개가
선약을 먹고는 주인을 따라 하늘로 올라갔다지
호사가의 말이야 허무맹랑한 것이지만
틀리는 일이 없는 인과因果의 법을 어찌 의심할 수 있겠는가
주인은 분명 이번 생에 큰 부富를 얻을 것이고
개는 다음 생에 좋은 인연을 누리리라

《장자·서무귀徐無鬼》에 개의 상相을 논하여, "하등의 개는 배만 채우면 그만이니 이는 야생동물의 습성이고 중등의 개는 의기가 높아 마치 태양을 바라보는 듯 위를 쳐다보며, 상등의 개는 마치 자기 자신을 잊은[亡一] 듯하다."라고 하였다.
'磬折(경절)'은 허리를 공손하게 굽히는 모습이다. 《예기》에 이 어휘가 보인다.
갈홍葛洪의 《신선전神仙傳》을 보면, 회남왕淮南王이 단약을 만들어 그것을 먹고 하늘로 올라가 신선이 되었는데, 그의 집에 남아 있던 약 그릇을 개가 핥아 먹고는 개도 하늘로 올라갔다고 한다.
밤새도록 문을 열고 열심히 일하는 주인 그리고 그 문을 지키는 충직한 개 모두 복 받을 것이다. 사람 중에 개만큼 충직한 이가 과연 몇이나 있을까? 개를 함부로 대해서는 안 되겠다.

挽岳母

百年歲月彈指滅
香魂今向蒿里行
勿聽長女失恃哭
甥館能護妻子生

장모 만사

백 년 세월이 손가락 튕기는 짧은 시간에 지나간 뒤
아름다운 혼백이 지금 호리를 향해 가시겠지요
큰딸이 의지할 바 잃어 곡하는 소리 듣지 마세요
이 사위가 처자식 삶을 지키겠습니다

'彈指(탄지)'는 아주 짧은 시간을 비유한다.
'蒿里(호리)'는 본래 태산泰山 남쪽에 있는 산으로 죽은 자를 묻는 곳인데, 후에 묘지를 뜻하게 되었다. 그리고 한漢나라의 노래 중에 〈해로薤露〉, 〈호리〉 등이 있는데 모두 만사挽詞이다.
《시경·육아蓼莪》에 "無父何怙, 無母何恃.(아비가 없으니 누구를 믿을 것이고 어미가 없으니 무엇에 의지하랴.)"라는 말이 있어서, '失恃(실시)'는 어머니를 잃은 것을 뜻한다.
'甥館(생관)'은 사위를 지칭하는 말이다. 《맹자·만장하萬章下》에 나오는 "帝館甥於貳室.(요임금이 별실에 사위인 순을 묵게 하였다.)"이라는 말에서 유래하였다.

憶昔訪杜甫草堂次草堂韻

靑丘遠客亦詩流
尋入錦城郊址幽
茅屋改葺盈綠竹
花潭減水失翔鷗
少齡披卷大猷抱
晚節綴章纖律鉤
堂搆苦吟何所念
萬民安堵是希求

두보가 성도 초당에 살 때 지은 〈강촌江村〉 시를 차운하였다.
백화담은 초당 근처의 지명이다. 〈강촌〉 시 등을 보면 당시에는 갈매기가 초당 근처에 날아다녔음을 알 수 있는데, 지금은 물이 줄어 갈매기를 볼 수 없다.
〈견민희정로십구조장遣悶戲呈路十九曹長〉 시에 "晚節漸於詩律細.(늘그막에 점점 시율을 세밀하게 하였다.)"라는 말이 있다.
초당에 살 때 띠로 엮은 지붕이 가을바람에 날아가 버리자 신세를 한탄하며 쓴 〈모옥위추풍소파가茅屋爲秋風所破歌〉 시에서 "安得廣廈千萬間, 大庇天下寒士俱歡顏, 風雨不動安如山. 嗚呼何時眼前突兀見此屋, 吾廬獨破受凍死亦足.(어떻게 하면 천만 칸 넓은 집을 지어, 이 세상 가난한 선비를 크게 덮어 주어 모두 환한 얼굴로 비바람 몰아쳐도 산처럼 끄떡도 하지 않게 할 수 있을까? 아, 눈앞에 이와 같은 집이 우뚝 솟을 날이 그 언제랴? 그렇게 된다면 내 집만 부서져 얼어 죽어도 나는 흡족할 텐데.)"이라고 하였는데, 이를 통하여 두보의 애민 정신을 잘 알 수 있다.

예전에 두보의 초당을 방문한 일을 생각하며 초당시의 운을 따라 짓다

청구 멀리서 온 나그네도
시 짓는 사람이라
금관성 교외의 집터 그윽한 곳을
찾아들었더니
초가지붕은 기와로 바뀌고
푸른 대나무가 가득한데
백화담百花潭은 물이 줄어
날던 갈매기가 없어졌다

어린 나이에는 서권書卷을 펼쳐보면서
큰 책략을 가슴에 품으셨고
만년에 시를 엮으면서
세밀한 격률을 추구하셨는데
초당을 짓고 괴롭게 읊조리실 때
무엇을 걱정하셨을까
모든 사람이 자기 집에서 편히 사는 것
그게 바로 바람이었으리라

寄龜巖齋主人二首 其一

洪城昨夜共飛觥
飽享主人風月情
一見心投三益友
將沾仁澤輔吾生

* 齋在忠南洪城主人姓田名炳晥(구암재는 충청남도 홍성에 있다, 주인은 성이 전 씨이고 이름은 병환이다.)

구암재 주인에게 부치다 제1수

어젯밤 홍성에서
함께 술잔을 돌리며
풍월을 좋아하는 주인의 정취를
배불리 누렸다

한 번의 만남에
세 가지 유익한 벗과 마음이 맞으니
앞으로 어진 은택에 무젖어
내 삶의 향상向上을 도와야겠다

―――
《논어》에 보이는 '익자삼우益者三友', '이우보인以友輔仁' 등의 표현을 활용하였다.

寄龜巖齋主人二首 其二

無由痊癖入膏肓
不料平泉借廡房
始可逍遙眞境界
將期樂趣滿詩囊

구암재 주인에게 부치다 제2수

고황에 든 묵은 병
치료할 길이 없었는데
생각지도 않게
평천의 곁채 방을 빌리게 되었다

참된 경지에서
이제야 소요하게 되었으니
즐거운 흥취 읊조리며
시 주머니를 채워야지

'痊癖(전벽)'은 묵은 병을 치료한다는 뜻인데, 여기서는 오래전부터 전원에서 즐기고 싶어 하던 마음을 달래는 것을 말한다. '膏肓(고황)'은 심장과 횡격막 사이에 있는 신체 부위인데, 여기에 병이 들면 치료하기가 힘들다고 한다, 《좌전·성공成公 10년》에 이 말이 보인다.
'平泉(평천)'은 당唐나라 이덕유李德裕의 별장 이름인데, 좋은 별장을 지칭할 때 흔히 사용된다. 이 시에서는 구암재를 뜻한다.

初夏田村

初夏少人事
物生皆向榮
蔬畦靑葉潤
豆圃紫花明
草盛野阡狹
秧栽田水盈
步行林樹蔭
處處鳥啼聲

초여름 시골 마을

사람이 할 일 없는
초여름
만물의 삶은
다들 번성해 간다

푸른 잎사귀가 윤기 나는
채소밭
보랏빛 꽃이 환한
콩밭

풀이 무성해져
들판 길은 좁아지고
모를 심어
논에는 물이 가득하다

걸어서
숲속 그늘에 가보니
여기저기
새 소리가 들린다

初夏卽景

郊野淸和節
朝暉散雨煙
遠呈山嶺矮
近響水溝延
鷺息林松裏
蝶忙園菜前
揷秧千頃綠
夏長可期全

'淸和節(청화절)'은 음력 4월의 별칭이다.
'춘생하장추수동장春生夏長秋收冬藏'이란 말이 있는데, 봄이 낳고 여름이 기르고 가을이 거두고 겨울이 갈무리한다는 뜻으로 자연의 상도常道를 말한다. 《사기·태사공자서太史公自敍》에 이 말이 나온다.

초여름 풍경

교외의 들
날씨 맑고 온화한 초여름
아침 햇빛에
안개비가 흩어진다

먼 곳에는
나지막한 산이 드러나고
가까이서
길게 이어진 도랑의 물소리가 울린다

해오라기는
숲의 소나무에서 쉬고 있고
나비는
밭에 심은 채소에서 바쁘다

모를 심어
천 경 넓은 논이 푸르니
여름이 길러주는 일
온전하게 이루길 기대한다

遊山閒吟

可憐芳意正闌珊
亦好綠林行徑閑
宿霧沾花色明谷
清風吹雨影斜山
那禁馳念煙霞裏
今得抽身書冊間
醉興不知將日暮
臥聆溪水響潺潺

산을 노닐며 한가로이 읊조리다

마음 아프게
봄날의 향기로운 뜻 시들어 가도
푸른 숲 사잇길에서
한가로이 걷는 것도 좋은 일
묵은 안개가 꽃을 적셔
꽃 빛이 골짝에 밝고
맑은 바람이 비를 불어
비 그림자 산에 비껴 날리고 있다

산수 속으로 달려가는 마음
어찌 견디랴
오늘에서야
책 틈에서 몸을 빼냈으니
흥에 취해
해 지는 줄도 모르고서
졸졸 흐르는 시냇물 소리
누워서 듣고 있다

수구는 인운자로 압운하였다. 제3구는 제5자와 제6자의 평측을 바꾸어 요구拗救하
였다.
'芳意(방의)'는 봄기운을 뜻한다.

甲申集

仗忠閣夏情

綠光入戶近田開
秀氣如籬遠嶺排
待雨溝花香藹藹
享晴庭鳥響喈喈
風吹榻上忘煩抱
波靜塘邊生韻懷
勝地憑軒又何樂
把杯怡眄夕嵐佳

* 閣在洪城龜項里(장충각은 홍성 구항리에 있다.)

장충각의 여름날 정취

가까이 펼쳐져 있는 논의 푸른 빛이
문 안으로 들어오고
멀리 늘어선 산의 빼어난 기운이
울타리처럼 둘러쌌다

비를 기다리는 도랑가의 꽃
물씬물씬 향기 뿜고
맑은 날씨 누리는 뜰의 새는
조잘조잘 지저귄다

바람 드는 의자 위에서
번다한 마음 잊어버리고
물결 고요한 연못 가에서
시심을 일으킨다

이름난 이곳에서 난간에 기대면
또 무슨 즐거움이 있나
술잔 쥐고 좋아라 바라보는
저녁 산색山色이 아름답다

수구는 인운자로 압운하였다. 제7구는 요구拗救를 하였다.

田家偶吟

村僻行人少
林繁行路遮
稼耕非我業
書冊又京家
蝶貼庭花靜
鶯棲麓樹遐
斯鄉是無有
心地絶紛譁

《장자·소요유逍遙游》에 '무하유지향無何有之鄉'이란 말이 나온다, 아무것도 없는 곳이란 뜻으로 자유로운 경지를 뜻한다.
농사일도 하지 않고 책도 보지 않으니 마음 쓸 일이 없다. 조용한 경치나 한가롭게 즐기고 있으니 이런 낙원이 또 어디에 있겠는가?

농가에서 우연히 읊다

마을이 외져
다니는 사람 적고
숲이 무성해서
다니는 길을 가린다

밭갈이는
내 일이 아니거니와
서책도
서울 집에 두고 왔다

고요히 핀 뜰의 꽃에
나비가 붙어 있고
멀리 보이는 산기슭의 나무에
해오라기 깃들었다

이곳이
무하유無何有의 땅이겠지
마음속에
번잡함이 없으니

田家述懷寄京城諸友二十八韻

志趣元多樣
窮通何易評
樂天因自得
處世在吾營
如好田居樂
誰求仕進亨
鍾山逐浮譽
彭澤詠閒情
週末常裝束
壟間催路程
及村休欅蔭
到舍喜尨迎
坦腹開軒敞
拂襟虛室明
素嬰泉石病
甘作里鄉氓
此有俚風美
晤談和氣盈
相論適期稼
但願稔年成
傲宅知安土
焉同贅出悾

親隣忌誕節
迥異狂歌行
晝賞嵐光秀
宵憐月色晶
柔條沾雨柳
妍囀感時鶯
雲起心無碍
溪流步不爭
遣懷唯麴米
侑盞足藜羹
市井事煩冗
郊坰身爽清
默言眞意寤
吟思俗機輕
幽地抛書案
潛夫忘姓名
交遊渾可絕
養息漸能成
詩酒伴三友
隱官兼二生
旣摹唐少傅
又效蜀君平
逸士財寧急
陋廬胸却宏
環中觀抱一

象外欲存誠
錦繡犧牛命
篋盛芻狗牲
晉貂毋謂貴
衛鶴若爲榮
後必遝尸位
今應學耦耕
津頭將定向
正否問諸兄

농가에서 감회를 적어 서울의 여러 벗에게 28운 시를 부치다

사람의 지향은 원래 다양한 법
잘 산 인생이 무엇인지 어찌 쉽게 평하리오
자득하면 천명을 즐길 수 있고
세상을 어떻게 사느냐는 내 하기 나름이니
시골살이의 즐거움을 좋아한다면
어찌 벼슬길에서 잘 되기를 추구하겠는가
종산의 주옹은 덧없는 명예를 좇았지만
팽택령 도연명은 한가로운 정을 읊었지

주말에는 늘 행장을 챙겨서
밭 사이에서 길을 재촉하니
마을 어귀에서 느티나무 그늘에 쉬다가
집에 도착하니 삽살개 반기는 소리가 반갑구나
텅 빈 방 밝은 데에서 소매의 먼지를 털고
창을 환하게 열어 놓고 배 드러낸 채 누우니
평소 산수를 좋아하는 병에 걸려
시골 사람 되는 것을 달가워한 덕이리라

이곳에는 좋은 시골 풍속이 있어
함께 이야기할 때면 화기和氣가 가득한데
적기에 농사짓는 일을 서로 논의하며
풍년 들기를 바랄 뿐이다

세 들어 살아도 편안한 곳임을 알게 되니
어찌 더부살이하는 사람의 외로운 신세와 같으리오
이웃과 가깝게 지내되 지나친 행동은 하지 않으니
미친 사람 노래하며 제멋대로 행동하는 것과도 전혀 같지 않다네

낮이면 산의 청수한 기운을 감상하고
밤엔 밝은 달빛을 어여삐 여긴다
부드러운 버들가지 비에 젖었고
고운 소리 꾀꼬리는 시절을 느끼는 듯
구름 피어나는 모습에 내 가슴도 막힘이 없어지고
흐르는 개울가에서 내 발걸음 다투어 걷지 않는다
이런 날 심사를 푸는 것은 오직 누룩뿐
술안주로는 명아주 국이면 족하구나

저자에서는 쓸데없는 일이 번거롭더니
교외에서는 몸이 상쾌하여
말 없는 가운데 삶의 참된 뜻을 깨닫고
그런 생각을 읊조리니 속된 기심이 줄어든다
그윽한 곳이니 책상 던져버리고
은거한 사람이니 이름 석 자 잊어버려도 되겠지
남과 어울리는 일을 끊어버릴 수 있어
내 몸과 마음을 점점 기를 수 있구나

시와 술 등 세 벗과 짝을 하며
은둔살이 벼슬살이 두 삶을 겸하니

당나라 태자소부를 흉내 내고
또 촉 땅의 엄군평을 본받아서이다
자유롭게 사는 선비에게 재물이 어찌 요긴하랴
누추한 집에서 가슴은 도리어 커지기에
시비를 벗어난 곳에서 도를 지키는 이치를 살펴보며
속세 밖에서 내 성심을 지키고자 한다

수놓은 비단으로 몸을 싼 소의 목숨은
띠풀로 만들어 상자에 담은 개처럼 희생이 되는 법
진나라 담비 꼬리 장식을 귀하게 여기지 말 것이니
위나라 학이 무슨 자랑이겠는가
뒷날 일없이 자리 꿰차고 있는 짓은 멀리해야 할 터
그러니 이제부터 짝지어 밭 가는 일을 배워야겠다고
인생의 나루터에서 내가 갈 방향을 이렇게 정하려 하는데
바른 방향인지 아닌지 여러 형들에게 한번 물어보노라

오언배율이다. 배율은 압운자를 제외하면 같은 글자를 중복하여 사용해도 되는데, 이 시에서는 한 자도 중복하지 않았다.
'僦宅(추택)' 이하 4구는 격구대隔句對를 하였다.
시 속의 어휘와 관련된 전고는 다음과 같다.
'鍾山(종산)'은 주옹周顒을 가리킨다. 그는 은사인 척 종산에 살다가 벼슬을 받자 즉시 산을 떠났다. 공치규孔稚圭의 <북산이문北山移文>은 바로 그를 풍자한 글이다.
'坦腹(탄복)'은 '배를 드러내다'의 뜻으로 주위를 의식하지 않고 편하게 있는 것을 말한다. 《세설신어世說新語·아량雅量》에 "진晉나라 치태부郗太傅가 왕승상王丞相의 집에서 사윗감을 고르도록 사람을 보냈는데, 갔다 와서 말하기를, '왕승상의 자제들은 다들 훌륭합니다. 오직 한 명이 동쪽 평상에서 배를 드러내고 누워 있었는데 들은 척도 안했습니다.'라고 하니, 치태부는 그 사람을 사윗감으로 삼았는데, 그가 바로 왕희지王羲之였다."라는 유명한 서예가 왕희지의 일화가 나오는데, '탄복'은 바로 이 고사에서 유래한 말이다.
《장자·인간세人間世》에 '허실생백虛室生白'이라는 말이 있는데, 사람이 욕심이 없고 청

정하면 도심道心이 절로 생기는 것을 비유한다.

'贅出(췌출)'은 데릴사위로 내보낸다는 뜻으로 남의 집에 기식寄食하는 것을 비유한다. 옛날 진秦나라에서는 집안이 넉넉하면 자식을 분가시키고 어려우면 남의 집에 데릴사위로 보냈다고 하는데,《한서漢書》에 보이는 가의賈誼의 〈치안책治安策〉에 관련 이야기가 있다.

'狂歌(광가)'는 초楚나라 광인 접여接輿가 노래를 부르며 공자 앞을 지나간 것을 말하는데 관련 이야기가《논어》에 보인다.

'步不爭(보부쟁)'은 두보의〈강정江亭〉시에 나오는 "水流心不競.(물이 흐르니 내 마음이 다투지 않는다.)"이라는 표현을 활용한 것이다.

'麯米(국미)'는 술 이름으로 '국미춘麯米春'의 줄임말이다.

'三友(삼우)'는 금과 시와 술을 말한다. 백거이가〈북창삼우北窓三友〉시에서 "欣然得三友, 三友者爲誰. 琴罷輒擧酒, 酒罷輒吟詩.(즐겁게 세 벗을 얻었으니 세 벗은 누구인가? 금을 연주하고 나면 번번이 술잔을 들고 술을 다 마시면 번번이 시를 읊조린다.)"라고 하였다.

'隱官(은관)'은 관직생활을 하면서 은거하듯이 사는 것을 뜻한다. 백거이가 태자빈객太子賓客 분사동도分司東都로 재직할 때〈중은中隱〉시를 지어, "大隱住朝市, 小隱入丘樊. 丘樊太冷落, 朝市太囂誼. 不如作中隱, 隱在留司官.(대은은 조정과 저자에서 살고 소은은 산골에서 산다. 산골은 너무 쓸쓸하고 조정과 저자는 너무 시끄러우니, 중은이 되어 동도의 관직을 맡으면서 은거함만 못하다.)"라고 하였다.

'唐少傅(당소부)'는 백거이이다. 그가 태자소부를 지낸 적이 있다.

'蜀君平(촉군평)'은 한나라 엄준嚴遵으로 그의 자가 군평이다. 그는 관직에 나가지 않고 은거하면서 촉 땅인 성도에서 점을 치고 살았는데, 매번 백 전을 벌면 문을 닫고《노자》를 가르쳤다고 한다.

'環中(환중)'은 '둥근 고리의 가운데'라는 뜻으로 시비를 초월한 상태를 비유한다.《장자·제물론齊物論》에 나오는 말이다.

'抱一(포일)'은《노자》에 나오는 말로 도를 언제나 굳게 지키는 것을 의미한다.

'存誠(존성)'은 '정성스러운 마음을 지키다', 또는 '성심을 보존하다'의 뜻이다.《주역·건괘乾卦》에 "庸言之信, 庸行之謹, 閑邪存其誠.(평상시의 말을 믿음직스럽게 하고 평상시의 행동을 삼가, 사악함을 물리치고 성심을 지킨다.)"이라는 말이 있다.

'錦繡(금수)' 구는 희생으로 쓰이는 소를 두고 한 말이다.《장자·열어구列禦寇》에 "子見夫犧牛乎. 衣以文繡, 食以芻菽, 及其牽而入於大廟, 雖欲爲孤犢, 其可得乎.(그대는 저 희생 소를 보았는가? 수놓은 비단으로 옷을 해 입히고 꼴과 콩을 먹이는데, 그가 끌려서 태묘로 들어갈 때에는 비록 어미가 없는 송아지가 되고 싶어 한들 어찌 가능하겠는가?)"라는 말이 있다.

'篋盛(협성)' 구는 띠풀로 만든 개를 제상에 진설하는 일과 관련된 말이다.《장자·천운天運》에 "夫芻狗之未陳也, 盛以篋衍, 巾以文繡, 尸祝齊戒以將之. 及其已陳也, 行者踐其首脊, 蘇者取而爨之而已.(저 띠풀로 만든 개가 아직 제상에 진설되기 전에는 대나무 상자에 담아서 수놓은 비단으로 감싸두었다가 제사를 담당하는 시축이 재계하고 그것을 바치지만, 이미 진설된 뒤에는 지나가는 사람이 그 머리며 등을 밟고 꼴 베는 이가 그것을 가져다가 불을 땔 따름이다.)"라는 말이 있다.

'晉貂(진초)'는 진晉나라 혜제惠帝의 숙부인 사마륜司馬倫이 황제를 참칭한 뒤 자신의 종들까지 작위를 수여한 것을 말한다. 담비 꼬리는 원래 시중侍中 등 고관의 관을 장식하던 것이다. 《진서晉書·조왕륜전趙王倫傳》에 "奴卒廝役亦加以爵位, 每朝會, 貂蟬盈坐, 時人爲之諺曰, 貂不足, 狗尾續.(종복과 노비 또한 작위를 더해주니 매번 조회할 때에 담비꼬리와 매미 장식 관을 쓴 이가 조정에 가득 앉아 있었다. 당시 사람들이 그 일로 '담비꼬리가 부족하니 개 꼬리로 이었다.'라는 속담을 만들었다.)"이라는 기록이 있다.

'衛鶴(위학)'은 위나라의 학이란 뜻이다. 《좌전左傳·민공閔公 2년》에 "冬十二月, 狄人伐衛. 衛懿公好鶴, 鶴有乘軒者. 將戰, 國人受甲者皆曰, 使鶴, 鶴實有祿位, 余焉能戰.(겨울 12월 적狄의 군대가 위나라를 쳤다. 위의공은 학을 좋아하여 학을 대부가 타는 수레에 태우기도 하였다. 그래서 전쟁하러 나갈 때 백성 중에 갑옷을 받은 자가 다들 말하기를, '학에게 시켜야지. 봉록과 작위는 실제로 학이 가졌는데 내가 어찌 싸울 수 있겠는가?'라고 하였다.)"이라는 기록이 있다.

'耦耕(우경)'은 두 사람이 나란히 밭을 간다는 뜻이다. 《논어·미자微子》에 "長沮桀溺耦而耕, 孔子過之, 使子路問津焉.(장저와 걸닉이 나란히 밭을 갈고 있었는데, 공자가 그 곳을 지나다가 자로를 시켜 나루터를 묻게 하였다.)"이라는 이야기가 있다. '津頭(진두)'도 바로 이 장저와 걸닉의 이야기와 관련된 어휘이다.

田家曲

麻雀嘖嘖黃鶯嚶
何處戴勝鳴穀穀
眾禽異音備六律
趁早合唱田家曲

농가의 노래

참새는 짹짹
꾀꼬리는 꾀꼴꾀꼴
오디새는 또 어디에서
구구하며 울고 있는가

뭇 새의 다른 소리가
온갖 음률 갖추어서
이른 새벽에
농가의 노래 합창한다

'戴勝(대승)'은 후투티. 뽕나무에 잘 내려앉는다고 하여 오디새라고도 한다. '대승'은 원래 서왕모西王母가 쓰던 옥으로 만든 꽃 모양의 머리 장식물을 가리켰는데, 이 새의 머리 모양이 이와 비슷하여 새 이름이 되었다. '穀穀(곡곡)'은 새가 우는 소리를 뜻하는 의성어이다. 《예기·월령月令》 '계춘季春' 조항에 "戴勝降于桑.(오디새가 뽕나무에 내려앉는다.)"이라는 말이 있다. 그리고 송나라 문인 구양수의 〈명조鳴鳥〉 시에 "戴勝穀穀催春耕.(오디새가 '곡곡' 하며 봄 밭갈이를 재촉한다.)"이라고 하여 곡식을 뜻하는 '곡'의 의미와 연관 지어 표현하였다. 이런 사실로 보아 중국에서는 이 새를 늦봄에 활동하는 새로 간주한 듯한데, 우리나라에서는 여름에 보인다고 한다.

欅下之夢

　　欅下蟻封應似昔
　　樹殊無以享槐安
　　蔭涼甘睡此生足
　　吾竟是誰何必歎

느티나무 아래의 꿈

느티나무 아래의 개미둑
예전 순우분이 자던 곳과 같을 텐데
나무가 달라서인가
괴안국의 삶을 누릴 수가 없구나

서늘한 그늘에서 달게 잤으니
이런 삶이면 이미 족한 것
나는 도대체 누구인가 하고
탄식할 게 있으랴

'남가지몽南柯之夢'의 순우분淳于棼은 잠을 잘 잤으면 그만이지 뭣 하려고 상념에 빠져 들었던가?

清晨聽鳥

時和氣暖鳥爭鳴
此處先鳴彼處續
昨夜杜鵑何獨啼
今晨百鳥共此谷
穿林流聲欲求友
藏山連語催布穀
其聲都是多少樣
高低強弱異緩促
就中黃鸝最啾耳
可比盤上轉丸玉
綿蠻顏色宜引眼
雌雄唱和喜相逐
衆鳥翱翔亦多樣
有飛虛空有遷木
又有搖尾如急難
種種形形活氣足
今看田陌罕有人
東嶺日光方旭旭
此時四圍甚靜謐
鳥鳴何故太忙碌
田家主人向予言
所言有理何峻酷

勿想鳥性悅晨光
早起但爲早啄粟
竟與人世同生理
唯早起者先充腹

이른 아침에 새소리를 듣다

화창한 날 따뜻한 날씨에 새가 다투어 운다
이곳에서 먼저 울면 저곳에서 이어서 운다
어젯밤 두견이는 어찌 홀로 울었던가
오늘 새벽 온갖 새가 이 골짜기에서 함께 우는데

숲을 뚫고 흐르는 소리는 벗을 찾으려는 것일까
산에 숨어 이어지는 소리가 씨 뿌리기를 재촉한다
그 소리가 도대체 몇 가지인가
높고 낮고 세고 약한 데다 느리고 빠름도 다르구나

그중에서 노란 꾀꼬리가 가장 귀에서 재잘거리니
쟁반에서 구르는 옥구슬 소리라고나 할까
아담한 모습의 색상이 눈길을 끄는데
암수가 서로 지저귀며 쫓아다니길 좋아한다

뭇 새들의 날갯짓도 또 다양하여
허공을 날기도 하고 나무를 옮기기도 하며
또 급한 일을 도와주려는 듯 꼬리를 흔들기도 하니
형형색색 그 모습에 활기가 가득하다

지금 밭두둑을 보니 다니는 사람이 드물고
동쪽 고개의 햇살이 한창 솟아오르고 있다

이 시각 사방은 아주 고요한데
새는 뭣 때문에 이리도 바쁘게 우나

농가의 주인이 내게 이런 말을 해주었다
새의 천성이 새벽빛을 좋아한다고 생각하지 마시오
일찍 일어나는 것은 오직 먼저 곡식을 쪼기 위해서라오
그 말 속에 담긴 이치가 너무도 가혹하구나
결국 인간과 사는 이치가 같아서
오직 일찍 일어난 자가 먼저 배를 채우는 법

《시경·벌목伐木》에 "嚶其鳴矣, 求其友聲.(새가 소리 내어 우는 것은 그 벗을 찾는 소리이다.)"이라는 말이 있다.
'布穀(포곡)'은 뻐꾸기이다. 그 울음소리를 본뜬 것인데, 그 소리가 사람 귀에 파종하라는 말로 들렸기에 권농하는 새로 알려져 있다.
《시경·면만綿蠻》에 "綿蠻黃鳥, 止於丘阿.(아담한 꾀꼬리가 구릉에 앉아 있다.)"라는 말이 있다.
《시경·상체常棣》에 "脊令在原, 兄弟急難.(척령이 언덕에 있으니 형제가 어려운 상황을 구해준다.)"이라는 말이 있다.
《시경·벌목伐木》에 "出自幽谷, 遷于喬木.(새가 깊은 골짝에서 나와 높은 나무로 옮겨간다.)"이라는 말이 있다.

遣興

消憂只待數杯傾
安分自將千慮輕
兀兀忘身憑酒德
陶陶任性樂人生
得衣得食已無討
避利避名何所爭
寧可醉中狂猶態
莫爲醒後忮求營

《시경·웅치雄雉》에 "不忮不求, 何用不臧.(남을 해치지 않고 탐욕을 부리지 않으면, 어찌 잘되지 않겠는가?)"이라는 말이 있다.
내가 지은 칠언율시의 격률은 대체로 두보杜甫의 가법家法을 따른다. 대다수의 다른 칠언율시와 마찬가지로 이 시에서도 각 연 출구出句 구각句脚에 사성을 번갈아 썼는데 [四聲遞用], 이는 두보 칠언율시의 격률을 따른 것이다. 네 연이 모두 대장구對仗句이니 이른바 전대격全對格인데, 이 또한 두보의 칠언율시에 종종 보이는 대장법이다.

108

심사를 달래다

시름을 없애려면
술 몇 잔 기울이면 되지
분수를 편안히 받아들이니
천 가지 걱정이 가벼워진다

멍하니 내 몸도 잊었으니
이는 술의 덕
즐겁게 천성에 맡겨
인생을 즐긴다

입을 것도 얻고 먹을 것도 얻었으니
더 이상 구할 게 없다
이득도 피하고 명성도 피하니
싸울 게 뭐 있나

차라리 취해서
미친 짓을 할지언정
말짱 깨어서는
남을 해치고 탐욕 부리는 일은 하지 말아야지

布穀鳥

春事已畢夏事始
四田禾秧綠光沃
誰家今猶未耕稼
郭公終朝催播穀

뻐꾸기

봄 농사 이미 끝나고
여름 농사 시작되었으니
사방 논의 모에는
푸른 빛이 기름지다

어느 집이
아직도 밭을 갈지 않았나
곽공께서 진종일
파종을 재촉하시네

'布穀(포곡)'은 뻐꾸기이다. 그 울음소리를 본뜬 것인데, 그 소리가 사람들 귀에 파종하라는 말로 들렸기에 권농하는 새로 알려져 있다. '郭公(곽공)'은 뻐꾸기의 별칭으로 역시 울음소리를 본뜬 것이다.

過金泉市聞說此地舊稱金陵域內有鳳凰臺忽憶李白詩因次其韻誌感

行到金陵作漫遊
卽追太白舊風流
却如購物求唐肆
不見留痕感晉丘
山聳靑天環古邑
江翔白鳥集何洲
古臺誰肯猜雲詠
今客無關向日愁

'《장자·전자방田子方》에 "彼已盡矣, 而女求之以爲有, 是求馬於唐肆也.(그것이 이미 사라졌는데 너는 그것을 찾으면서 있다고 여기니, 이는 파장한 시장에서 말을 찾는 것과 같다.)"라는 말이 있다. '唐肆(당사)'는 빈 가게 또는 파장한 시장을 뜻하는 말인데, 나라 이름에 '당'이 있기에 이 시에서 '晉丘(진구)'와 차대借對를 이룬다.
금릉은 남경의 옛 지명이다. 이백은 〈등금릉봉황대登金陵鳳凰臺〉 시에서 "總爲浮雲能蔽日, 長安不見使人愁.(뜬구름이 해를 늘 가리니, 장안이 보이지 않아 사람을 시름에 젖게 한다.)"라고 하여, 소인배가 황제의 마음을 어지럽히는 것을 걱정하면서 장안을 그리워하였다. 그리고 그 시에서 금릉에 있는 진晉나라 시대의 무덤과 강에 있는 백로주白鷺洲 등을 언급하였다.
금릉은 남조南朝 여러 나라의 도읍지였는데, 김천도 그러한가? 김천시에 있는 봉황대에서 보면 이백 시에 나오는 백로주에 비길 만한 모래섬이 과연 보일까? 우리나라의 옛 지명에는 중국의 지명을 따른 게 많다. 모화사상이 땅이름에까지 배어 있었던 것 같아 김천을 지나는 내내 마음이 씁쓸했다.

김천시에 들렀다가 이곳의 옛 명칭이 금릉성이었으며 시내에 봉황대가 있다는 말을 듣고는 문득 이백의 시가 생각나서 그 시에 차운하여 감회를 적다

가는 길에 금릉에 도착하여
이리저리 놀다 보니
이태백의 옛 풍류가
곧바로 생각난다

그런데
사려는 물건을 파장한 시장에서 찾는 꼴
진나라 무덤을 느끼게 해주는 남은 흔적이
보이지 않는다

산이 있어 푸른 하늘에 솟아
옛 고을을 두르고 있지만
강 위를 나는 흰 새는
어느 물가 섬에 내려 앉을까

옛 누대에서
누가 구름을 미워하는 노래를 부르려고 할까
지금의 나그네는
해를 바라보는 시름과 전혀 관계없으니

問鴻山
前月紫霞社諸友共遊雲峯各採梅實以還家余以之釀酒

還自雲峯纔越旬
靑梅何日醅濃味
東牀應貯岳家酒
能丏一盃先飮未

- 鴻山姜聲尉博士之雅號(홍산은 강성위 박사의 아호이다.)
- 雲峯姜君岳家莊園所在地今隷於金泉市(운봉은 강군 장인의 장원 소재지이다. 지금은 김천시에 속한다.)

홍산에게 묻다

지난달 자하시사 여러 벗이 함께 운봉에서 놀다가 각자 매실을 따서 집으로 돌아갔는데, 나는 그것으로 술을 담갔다.

운봉에서 돌아온 지
겨우 열흘이 되었으니
청매로 담근 술이
언제나 짙은 맛을 띨까

사위 집에는
필시 장인 집안의 술이 있을 터
한 잔 얻어서
먼저 맛보면 안 될까

'東牀(동상)'은 동쪽 평상으로, 사위를 뜻한다. 《세설신어·아량雅量》에 "치태부郗太傳가 왕승상王丞相의 집에서 사윗감을 고르도록 사람을 보냈는데, 갔다 와서 말하기를, '왕승상의 자제들은 다들 훌륭합니다. 오직 한 명이 동쪽 평상[東牀]에서 배를 드러내고 누워 있었는데 들은 척도 안했습니다.'라고 하니, 치태부는 바로 그를 사윗감으로 삼았다."라는 일화가 있다. 사위로 낙점된 이가 바로 왕희지이다. 신랑감을 보러 왔다는 소식에 다른 자제들은 다들 잘 보이려고 몸가짐을 조심하고 있는데 배짱 좋게 평상에 드러누워 있는 기개를 높이 샀을 것이다.
이 시를 보고서 홍산이 어찌 술을 나눠주지 않을 수 있겠는가?

田家夜讀書

誦經端坐入三到
自覺道心將滿腔
微物或聞文字氣
飛蛾終夜撲燈窗

농가에서 밤에 책을 읽다

단정히 앉아 경전을 읽다 보니
눈과 입 그리고 정신이 집중되어
도의 마음이
온몸에 가득해져 가는 걸 절로 깨닫는다

미물도
글자의 냄새를 맡을 수 있었던가
나방이 날아
밤새도록 등 켜진 창에 부딪힌다

'三到(삼도)'는 독서삼도讀書三到, 즉 심도心到, 안도眼到, 구도口到를 말한다.

夏日宿仗忠閣

　　松楹清氣消煩鬱
　　紙窗月色凉如水
　　暫數鼻息人已寢
　　田蛙悅客吹未已

여름날 장충각에서 묵다

솔 기둥의 맑은 기운에
답답한 심사 사라지고
한지 창문에 비친 달빛
그 시원한 느낌이 물과 같다

잠시 숨을 헤아리다가
사람은 이미 잠들었는데
논의 개구리는 손님을 기쁘게 하느라
음악 연주를 그치지 않는다

《남제서南齊書·공치규전孔稚珪傳》에 보면, 공치규는 집 뜰에 자란 풀을 베지 않고 그냥 두어 그 속에 있는 개구리가 시끄럽게 울었다. 어떤 사람이 왜 그냥 그대로 두는지 의아해하자, 공치규는 "나는 그 소리를 타악기 관악기의 합주[兩部鼓吹]라고 생각한다."라고 하였다. 이 고사로 인해 '개구리의 연주[蛙吹]'라는 말은 맑고 조용한 환경을 표현할 때 쓰인다.
장충각은 소나무로 기둥과 들보를 만들어 방에 들어가면 솔향이 느껴진다. 그리고 한지를 바른 창에 비치는 달빛은 유난히 은은하다. 잠자리가 바뀌면 으레 잠들기 어려워 호흡을 하나 둘 하고 세면서 잠을 청한다. 그런데 이곳은 여름날의 울증鬱蒸을 전혀 느끼지 못하는 쾌적한 곳이어서 시끄러운 개구리 울음소리도 자장가 같아 금방 잠이 들었다.

村夕

暮暗入荊扉
阡間人跡稀
鄰居聞狗吠
或見鳥棲歸

시골의 저녁

저녁 어스름이
사립문으로 들어오자
밭두둑에는
인적이 드물다

이웃집에서 들리는
개 짖는 소리
혹 둥지로 돌아오는 새를
보았을까

村夜

夕照消西嶺
峰陰忽覆村
樹枝聞鳥動
應訝月光繁

시골의 밤

석양이
서쪽 고개 너머 사라지자
산봉우리의 어두운 그림자
홀연 마을을 덮었다

새가 움직이는 소리
나뭇가지에서 들리니
달빛 많은 것에
놀랐나 보다

弔落齒文

汝雖久搖幸不落
護汝如寶日深窺
畏觸硬物慎咀嚼
飲冷作苦常固辭
數月已盡百般功
今日朝食竟脫離
嗟乎貝編今有缺
哀哉瓠犀長毀虧
急訪醫生意氣沮
已知方技難生汝
怪其等閒勸贗物
對其無情不勝怒
汝或有知亦勸曰
真贗勿論新物取
揣知汝慮吾食事
何忘舊好納新侶
留斷諸僚心何如
應悼泉路行踽踽
曾是同仁偶列者
應嘆上下今齟齬
撫心將鎮我悲辛
忽覺有理要自詢

我髮四時雪光覆
二毛逢春不似春
紅顏近來皮皴深
兩眼笑態眉似嚬
髮皮有變齒豈無
植肉何期等大椿
生滅本是由其天
樂天方得其苦躅
人言齒減壽隨之
減則寸心一何煎
筋力未衰心先衰
憂懼自招厥身愆
經半百年只落一
所剩年數何啻千
齓髫數少壯年多
或將返老還童年
橫計竪計皆適意
當初鬱悶如解懸
然而尚有恨難收
得惠實多却無酬
一日三次汝勤勞
楊枝刷汝我不周
嗚呼後悔將奈何
但願寬恕不見尤
以詩代文陳弔意

嗚呼臨訣思悠悠

빠진 이를 애도하는 글

네가 비록 오랫동안 흔들거렸어도 다행히 빠지지 않아
보물처럼 아끼며 매일 세밀하게 살폈다
딱딱한 것에 닿을까 두려워서 씹을 때 조심했고
찬물 마시면 고통스러워 늘 찬물을 피하였지
몇 달 동안 갖가지 노력을 다했건만
오늘 아침에 밥 먹다가 끝내 빠져버렸으니
아아 슬퍼라 조개껍데기 늘어놓은 듯한 내 치아가 이제 빠진 게 생겼고
박씨처럼 가지런하던 모양이 영원히 망가졌구나

급히 의사를 찾으면서도 풀이 죽어 있었으니
의술로도 너를 살리기 어려움을 알고 있었기 때문이지
의사가 대수롭지 않게 여기며 가품假品을 권하는 게 괘씸했으니
그 무정함에 화를 참기 어렵더구나
네가 혹여 지각이 있다면
너 역시 진품 가품 따지지 말고 새 물건을 취하라고 권하겠지
네가 나의 먹는 일을 걱정해서 그러리라 짐작하지만
어찌 오랫동안 좋아하던 너를 잊고 새 짝을 들이겠는가
잇몸에 남아 있는 너의 여러 동료들의 심사는 또 어떠할까
황천길을 홀로 쓸쓸히 가는 너를 애도할 것이다
한때는 좋은 일을 같이하며 짝 맞추어 늘어섰던 너였으니
네가 없어 이제 위아래가 맞지 않게 되었다고 탄식할 게야

가슴을 어루만지며 쓰라린 심사 진정시키려다
문득 내 자신에게 물어보아야 할 이치가 있음을 깨달았다
내 머리칼은 네 계절 내내 눈빛이 덮여 있어서
반백의 머리는 봄이 되어도 봄 같지 않고
젊었던 얼굴은 근래 주름이 깊어져
눈은 웃는데 미간은 도리어 주름살 때문에 찌푸린 것 같지
이처럼 머리털과 피부에 변화가 있는데 치아라고 어찌 없겠는가
사람 살에 박혀 사는 삶이 땅 위에 뿌리박은 대춘나무처럼 장수할 수는 없으리라

나고 사라짐은 본래 그 천명을 따른 것이니
천명을 즐겨야만 그 괴로움을 덜게 되는 법
사람들은 치아가 줄면 수명도 그것을 따른다고 말하면서
치아가 줄게 되면 방촌의 심장을 아주 달달 볶아대어
근력이 쇠하기도 전에 마음이 먼저 쇠하니
그로 인한 근심과 두려움으로 그 몸에 탈을 자초하지
반백 년을 지나 이제 겨우 너 하나 빠졌으니
하나에 오십 년으로 해서 따져보면 내게 남은 연수가 어찌 천 년일 뿐이겠는가
어릴 때는 치아의 개수가 적다가 어른이 되면 많아지니
혹여 노년에 다시 어린 시절로 돌아가려는 것인가라는 생각도 든다
이리 따져보고 저리 따져봐도 마음에 들어서
애초의 답답함이 사라진 게 거꾸로 매달려 있던 몸이 풀려난 듯하구나

그렇지만 아직도 거두기 어려운 한이 있으니

은혜를 입은 게 많은데도 갚은 게 없어서라
하루에 세 차례 너는 부지런히 애썼건만
양치질로 너를 닦아주는 일을 나는 제대로 하지 않았구나
오호라 이제 와 후회한들 어쩌겠는가
그저 너그러이 용서하고 허물하지 말기를 바랄 뿐이네
이 시로 애도의 글을 갈음하여 조의를 표하는데
오호라 이별에 임하여 이런저런 상념이 가없이 이는구나

시로 쓴 애조문哀弔文으로 치아를 의인화하였다.
'貝編(패편)'은 치아가 가지런한 것을 비유한다. 《한서·동방삭전東方朔傳》에 "齒若編貝.(치아가 줄지어 엮인 조개 같다.)"라는 말이 있다.
'瓠犀(호서)'는 미인의 치아가 깨끗하고 가지런한 것을 비유한다. 《시경·석인碩人》에 "齒如瓠犀.(치아가 박씨 같다.)"라는 말이 있다.
나도 결국 가품假品인 인플란트를 하고 말았으니, 나의 치아들이 사람의 의리란 믿을 게 못 된다고 욕하지나 않을까?

遊海南島三亞市想東坡事五首 其一

三亞儋州隔北南
謫踪不向絕方覃
中原可識山如髮
溟極無涯海水藍

해남도 삼아시를 노닐다가 동파의 일을 상상하다 제1수

삼아와 담주는
남북으로 서로 떨어져 있는 곳
귀양살이 발자취가
남쪽 끝 절역絶域에까지 이어지지는 않았지

북쪽 중원은
머리카락 같은 산을 그래도 알아볼 수 있지만
섬의 남쪽은
가없이 펼쳐진 푸른 물의 바다뿐

소식이 해남도에서 지은 〈징매역통조각澄邁驛通潮閣〉 시에 "青山一髮是中原.(푸른 산이 한 가닥 머리카락같이 보이니 그곳이 바로 중원이다.)"이라는 구가 있다. 해남도를 우리나라 제주도에 견주어 보면 담주는 제주시처럼 북쪽에 위치하고 삼아시는 서귀포에 해당한다. 소식은 담주로 폄적貶謫되어 섬 남쪽의 삼아시까지는 가지 않았다. 그래서 북쪽을 바라보면 내륙 땅이 머리카락처럼 가늘고 희미하게나마 보였던 것이다.
지인들이 삼아시로 여행을 가자는 제안을 했을 때 삼아시에 도착하면 담주로 가서 소식의 발자취를 살펴볼 수 있으리라 생각했다. 서귀포에서 쉽게 제주시로 갈 수 있는 제주도처럼 생각했던 것이다. 실제 가보니 그렇게 하기가 쉽지 않아, 소식은 와보지도 않았던 삼아시에서 소식을 생각하는 시만 짓다가 귀국했다. 생각 없이 대충대충 사는 내 자신에 대해 다시 한번 짜증이 난 여행이었다.

遊海南島三亞市想東坡事五首 其二

旅程酷苦熱威苛
疲足呼人暫按摩
追想臥身閑濯夜
寥寥老景快如何

해남도 삼아시를 노닐다가 동파의 일을 상상하다 제2수

무더위 기세에
여정이 심히 힘들었기에
사람을 불러
지친 발에 잠시 안마를 했다

몸 누이고 한가롭게 발 씻던 밤을
상상해 본다
쓸쓸한 노년에
그 상쾌함이 어떠했을까

소식이 해남도에서 폄적 생활의 세 가지 즐거움을 읊은 연작시인 〈적거삼적謫居三適〉 중에 밤에 누워서 발을 씻는 것을 읊은 〈야와탁족夜臥濯足〉 시가 있다. 삼아시에서 발 마사지를 받다가 소식의 즐거움을 상상해 보게 되었다.

遊海南島三亞市想東坡事五首 其三

遙望水牛行草地
疑如鳧鴨綠波浮
歸家不覓矢痕處
岔路四方通廈樓

해남도 삼아시를 노닐다가 동파의 일을 상상하다 제3수

무소가 풀밭을 가는 것을
멀리서 바라보니
오리가
푸른 물결 위에 떠 있는 듯하다

지금은 집으로 돌아갈 때
쇠똥 흔적을 찾지 않으니
사방의 갈림길이
높은 건물로 통하기 때문이다.

해남도에서 지은 시에 〈피주독행편지자운위휘선각사려지사被酒獨行遍至子雲威徽先覺四黎之舍〉가 있다. '술에 취해 홀로 가다가 자운, 위, 휘, 선각 네 여족 사람의 집에 두루 이르다'라는 뜻의 시제인데, 이 시에 "但尋牛矢覓歸路.(쇠똥을 찾아 돌아갈 길을 찾는다.)"라는 말이 있다. 길이 따로 없어 소가 돌아가다가 배설한 쇠똥을 찾아서 방향을 확인하며 돌아간다는 말에서 당시의 해남도 상황이 충분히 연상된다. 지금도 초지에 물소가 보이긴 하지만, 빌딩 사이로 난 사통팔달 큰길을 자동차 타고 돌아가니 소식 당시와 비교하면 그야말로 상전벽해의 변화가 생겼다.

遊海南島三亞市想東坡事五首 其四

蠻人已廢文身習
接客今猶撫耳根
此地謫居三歲久
磨消兩朶幾多存

* 海南島黎族招呼時相與撫耳(해남도의 여족은 인사할 때 서로 귀를 어루만진다.)

해남도 삼아시를 노닐다가 동파의 일을 상상하다 제4수

남방의 만인蠻人
문신하는 습속은 이미 없앴지만
손님을 맞이할 때는
지금도 여전히 귓불을 어루만진다

이곳에서의 귀양살이
삼 년 긴 세월을 보냈으니
양쪽 귀가 다 닳아
얼마나 남았을까

遊海南島三亞市想東坡事五首 其五

欲探遺跡裝行李
到後始知相異地
忽悟人如磨蟻生
風輪所定自隨至

해남도 삼아시를 노닐다가 동파의 일을 회상하다 제5수

남긴 흔적을 찾으려
행장을 꾸렸는데
도착하고서야
비로소 다른 곳임을 알았다

사람의 삶이 맷돌 위 개미 신세와 같음을
홀연 깨닫게 되니
하늘이 정해준 대로
따라가게 되는구나

《진서晉書·천문지天文志》에 해와 달이 서쪽으로 지는 이유를 설명하면서 "譬之於蟻行磨之上, 磨左旋而蟻右去, 磨疾而蟻遲, 故不得不隨磨左回焉.(비유컨대 개미가 맷돌 위를 기어갈 때 맷돌이 왼쪽으로 돌고 개미가 오른쪽으로 가면 맷돌은 빠르고 개미는 느리기 때문에 맷돌을 따라 왼쪽으로 돌 수밖에 없는 것과 같다.)"이라고 하였다.
소식은 〈천거임고정遷居臨皐亭〉 시에서 "我生天地間, 一蟻寄大磨. 區區欲右行, 不救風輪左.(내가 천지간에 살아가는 모습이 개미 한 마리가 큰 맷돌에 붙어 있는 것 같다. 애써 오른쪽으로 가려고 하지만 천체天體가 왼쪽으로 도는 것을 막을 수는 없다.)"라고 하여 임고정으로 이사한 것도 팔자소관이라 하였다. 소식의 유적을 볼 수 있을까 하고 따라나선 곳이 엉뚱한 곳이라니, 문득 맷돌 위의 개미가 뜻대로 가지 못한다고 한 소동파의 시구가 떠올랐다. 그리고 소동파의 초연한 인생관을 생각하니 내 자신에 대해 짜증이 나던 심사도 다소나마 풀렸다.

宿田家書懷

溪聲月色總爲詩
散步憐宵客獨知
野鷺交情曾宿處
山雲結約又歸時
功名已棄紅顏慾
富貴尤非白鬢期
此地將來能作主
但貪吟詠樂嘻嘻

농가에서 묵으며 감회를 쓰다

시냇물 소리와 달빛
그 모두가 시인 것을
밤이 좋아 이리저리 걷는 이 나그네만
홀로 알 터

들 해오라기와 정을 나누며
전에 묵었던 이곳
산 구름과 약속했기에
오늘 다시 돌아왔다

공명을 추구하던 홍안의 젊은 시절
그때의 욕심은 이미 버렸거니와
살쩍이 하얘진 지금
부귀는 더더구나 기대할 게 아니지

이곳에서
훗날 주인 노릇을 할 수 있다면
그저 시나 읊조리며
희희낙락 살아야겠다

한때 이곳저곳 시골을 다니면서 전원생활을 꿈꾸었다. 그저 하루 이틀 묵는 게 아니라 주인으로 살고 싶었던 것이다. 그런데 잠시 묵은 객이 아니고 실제로 주인이 되었다면 밤 시냇물 소리와 달빛이 시라는 것을 알았을까? 늘 갖지 못하니 좋아 보이는 것이다.

閒思

少年情溺青蓮賦
獨酌高標歎異時
近歲心投漆園語
重玄奧境竊同期
筆花燦爛常攸冀
肘柳槎枒豈敢辭
嗟憶鵬摧胸出涕
欲觀魚樂步尋池
志乖今好友皆訝
吟作古風人孰知
仰月銜杯頻酩酊
忘身隱几入希夷
若追妄慾拘塵網
何得眞生脫俗羈
悵望崑崙氣緬邈
恍遊群玉彩淋離
思牽傲吏事非偶
行效謫仙緣亦奇
宿世應關斯兩者
試疑紫府我爲誰

한가한 생각

젊었을 때부터
청련거사靑蓮居士 이백의 시에 탐닉하였으니
그와 다른 시대에 살아서
홀로 술 마시던 그 고상한 모습 볼 수 없어서 한탄했다
근년에 들어서는
칠원漆園의 관리인 장자의 이야기에 공감하여
현묘하고 현묘한 깊은 경지에 함께 이르고자 하는 생각을
몰래 갖게 되었다

붓끝에 찬란히 꽃이 피어나는 것은
늘 바라는 일이지만
팔꿈치에 이리저리 버들이 자라나는 것을
어찌 감히 마다하리오
붕새가 날개 꺾인 것을 생각하곤 탄식하여
가슴속에 눈물이 나오지만
물고기의 즐거움 살펴보려고
발걸음이 연못을 찾는다

내 지향이 요즈음 사람이 좋아하는 것과 달라
벗이 모두 의아해하거니와
읊조리는 시도 고풍이니
그 누가 알아주겠는가

잔을 물고서 달을 우러러보며
실컷 취하는 일 자주 있고
안궤案几에 기대어서 몸을 잊고
적막한 도의 세계에 들기도 한다

만약 허망한 욕심 좇다가
홍진紅塵 세상의 그물에 얽매이면
어떻게 참된 삶을 얻어
세속의 굴레를 벗겠는가
산의 기운이 아득히 펼쳐진 곤륜산을
슬피 바라보면서
오색 빛 찬란한 군옥산을
꿈 속에서 노닌다

세속을 오만하게 보았던 칠원의 관리에 마음이 끌리니
우연한 일이 아닐 게고
인간 세상으로 쫓겨난 신선 이백의 행동거지를 흉내 내니
그 인연 또한 기이하다
이 두 사람과
전생에 필시 관련이 있었을 터
신선이 사는 자부紫府에서
나는 누구였을까 하고 의심해 본다

───
칠언배율이다. 첫 4구는 격구대隔句對이다. 제3구는 제5자와 제6자의 평측을 바꾸어 요구拗救하였다.
《개원천보유사開元天寶遺事》에 의하면, 이백이 젊었을 때 자신이 사용하던 붓끝에서

꽃이 피는 꿈을 꾸었고, 그 후로 재주가 뛰어나게 되어 천하에 이름을 떨쳤다고 한다.
《장자·지락至樂》에 보면, 지리숙支離叔과 골개숙滑介叔이 함께 유람할 때 갑자기 골개숙의 왼쪽 팔꿈치에서 혹[柳]이 생겨나자, 같이 있던 지리숙이 그 혹이 싫냐고 물었는데, 골개숙이 이 또한 자연의 변화일 뿐인데 왜 싫어하겠냐고 답하였다는 우언이 있다. 이 우언은 사람이 늙어가면서 인체에 변화가 생기는 것은 자연 현상이니 이에 순응하면 된다는 것을 교시한다. 《장자》 원문에 쓰인 '柳' 자는 '혹'을 뜻하는 '瘤류' 자의 가차자假借字이지만, 이 시에서는 그냥 버들의 뜻으로 써서 앞 구의 '꽃[花]'과 차대借對하였다.
이백이 죽음을 앞두고 <임로가臨路歌> 시를 지어 "大鵬飛兮振八裔, 中天摧兮力不濟. 餘風激兮萬世, 遊扶桑兮挂左袂. 後人得之傳此, 仲尼亡兮誰爲出涕.(대붕이 팔방에서 떨쳐 날다가 하늘 가운데에서 날개가 꺾이니 힘이 미치질 않아서이다. 남은 기풍이 만세를 격동시키겠지만 부상에서 놀다가 왼쪽 소매가 걸려버렸다. 후인이 이러한 소식을 듣고서 전하더라도 공자는 가고 없으니 누가 눈물을 흘릴까?)"라고 하였다.
《장자·추수秋水》에 장자와 혜시가 물속에서 노니는 물고기를 보고 그 즐거움에 대해 논쟁하는 내용이 있다.
《노자老子》에 "視之不見名曰夷, 聽之不聞名曰希.(봐도 보이지 않는 것을 '이'라고 하고 들어도 들리지 않는 것을 '희'라고 한다.)"라는 말이 있다. '希夷(희이)'는 도의 세계를 형용한다.
《장자·제물론齊物論》에 "南郭子綦, 隱几而坐, 仰天而噓.(남곽자기가 안궤에 기대어 앉아서 하늘을 우러르며 길게 숨을 내쉬었다.)"라는 이야기가 있다.
곤륜산과 군옥산은 모두 신선이 산다고 하는 전설 속의 산이다.

雨中問鴻山

案書注意已難持
雨打窗邊樹葉時
故友今來失豪興
白天飲酒泥阿誰

비 내리는 날 홍산에게 묻다

책상의 책에 집중하는 게
이미 어려워졌으니
창밖 나뭇잎을
빗발이 때리고 있어서라

오랜 벗인 자네가
요즘 들어 호기豪氣를 잃었으니
이 대낮에 술 마시려면
누구를 꼬드겨야 하나

낮에 비가 퍼붓는다. 술꾼이라면 누구라도 술 생각이 날 때이다. 홍산이 요즈음 술을 잘 안 마시지만, 이 시를 보고도 과연 그럴 수 있을까?
제3구는 요구拗救를 하였다.

寄鴻山
　鴻山看前詩俄而見答語中有自傷意故再寄以寬之

　渥洼毛骨自常持
　休嘆俊才難得時
　將使孫陽駕天路
　若除吾子更餘誰

홍산에게 부치다

홍산이 앞의 시를 보고는 얼마 후에 내게 답을 보냈다. 그 말 속에 스스로 마음 아파하는 뜻이 있기에 다시 이 시를 부쳐서 그의 마음을 풀어준다.

악와의 털과 뼈를

늘 지니고 있으니

준재俊才가 때를 얻기 어렵다고

한탄하지 마시라

말을 알아보는 손양이

하늘길에서 수레를 몰 때

그대를 제외하면

또 누가 있겠는가

'渥洼(악와)'는 신마神馬가 난다는 전설 속의 지명이다. '孫陽(손양)'은 말을 잘 알아보고 말을 잘 다루었다는 백락伯樂의 이름이다. 홍산이 지금 비록 좋은 직책을 얻지 못해 타고난 능력을 펼치지 못하고 있지만 훗날 그를 알아보는 이를 만나면 반드시 뜻을 펼치게 될 것이다.
제3구는 요구拗救를 하였다.

車中聽歌寄後凋堂三首 其一

坐車偶聽舊歌數関皆往年與時習會諸友共唱相樂者也就中一曲是後凋堂所愛唱余亦好其詞而數次隨唱之

偶在馳車聽舊曲

其詞慣耳惹閒思

有云心嚮又斯處

便憶汝歌隨唱時

* 後凋堂吾友申鉉子之雅號('후조당'은 내 벗인 신현자의 아호이다.)
* 心響五字是歌詞('심향' 다섯 자는 노래의 가사이다.)

차 안에서 노래를 듣고 후조당에게 부치다 제1수

　　차를 타고 가다가 우연히 옛 노래 몇 곡을 들었는데 모두 왕년에 시습회의
　　여러 벗들과 함께 부르며 서로 즐기던 것이다. 그중 한 곡은 후조당이 즐겨
　　부르던 것인데 나도 그 가사를 좋아하여 여러 번 따라 불렀다.

달리는 차 안에서
우연히 옛 노래를 들었더니
가사가 귀에 익어
이런저런 심사를 일으키네요

그 가사에
이 마음 다시 여기에라는 말이 있기에
그대의 노래를 따라 부르던 때가
생각납니다

'이 마음 다시 여기에'는 후조당이 즐겨 부르던 노래의 가사이다. 차를 타고 가던 중 흘러간 유행가 몇 곡을 듣다 보니 옛날 시습회 벗들과 노래방에서 놀던 시절이 생각났다.

車中聽歌寄後凋堂三首 其二

往事如漚沒去漣
追情如草出陳根
當年筵飲一何樂
爭執話筒歡抃喧

차 안에서 노래를 듣고 후조당에게 부치다 제2수

지나간 일은
흘러간 물결 속에 사라진 물거품 같지만
돌이켜 떠오르는 정은
묵은 뿌리에서 새로 나오는 풀과 같지요

당시 술 마시던 자리
얼마나 즐거웠던가요
마이크를 다투어 잡고서
손뼉 치며 떠들썩했지요

수구는 인운자隣韻字로 압운하였다.
'話筒(화통)'은 중국어로 마이크란 뜻이다.

車中聽歌寄後凋堂三首 其三

歲積霜光鬢漸頹
青春心興未爲灰
將邀故友會歌館
笑謔彩燈紅染顋

차 안에서 노래를 듣고 후조당에게 부치다 제3수

세월이 서리 빛을 쌓아
살쩍이 점점 쇠해 가지만
청춘의 마음은
아직 재가 되지 않았지요

노래방에
옛 벗들을 다시 불러 모으려고 하니
조명등에 붉게 물든 얼굴 놀리면서
즐거워들 하겠지요

이제는 모두 젊은 날의 홍안이 아니다. 훗날 다시 노래방에 모이면 조명등에 붉게 비친 얼굴을 서로 보면서 회춘했냐고 놀리며 옛 시절을 떠올리지 않을까?

夏野漫興

川流活活草芊芊
霖澍初收六月天
雨濕園花明赤火
風吹岸柳動青煙
池邊有客評荷發
田界無人妨鷺眠
如此景光能卜地
應甘晚計在耕田

여름 들판에서의 흥취

콸콸 흐르는 냇물
푸릇푸릇 자란 풀
유월의 하늘에는
장맛비가 갓 그쳤다

동산의 꽃이 비에 젖으니
붉은 빛이 불타는 듯 환하고
강둑 버들에 바람이 부니
푸른 빛이 자욱한 안개처럼 움직인다

연꽃이 피어난 연못가에
감상하는 나그네 있어도
밭에서 잠자는 해오라기
방해하는 사람 없다

이 같은 풍경 속에
집터를 잡을 수 있다면
노년에 밭 갈고 산다 해도
달게 받아들일 수 있겠다

淨芳寺望忠州湖

寺在嶢嶷俯乾坤
下界雲氣變陰晴
千峰萬壑遠在底
俗客臨覽愕然驚
崖下望崖上
初遊疑無程
步轉岩隙忽瞠目
石塊疊疊盤磴成
數間殿如黏山壁
誰得鬼功構桷楹
境內狹窄幾無地
形勢恰如虛空擎
寺位內陸中
旁無海水泓
此處那料聽念誦
顒俟海水觀音聲
昔飛錫杖占仁祠
大德豫兆應驗呈
山中築堤為巨湖
大如海水萬頃盈
自從雲表視何如
斗升澆入假山盛

實地沿濱目睹是
百里延亙藍光瑩
曾是高峰今露頂
跼縮如畏浪崢嶸
往來舟航渺浮芥
誰道今無吞舟鯨
萬民生賴繫此水
或有網漁或溉耕
水怪作惡人無力
苟得庇依應殫誠
遭災熬熬求厭伏
方術莫如菩薩平
菩薩行踪元恍惚
懇念懇誦或能迎
再追此間事
自疑滄桑更
今爲魚鱗跋扈處
昔日樹林鳥飛鳴
此水應亦有時竭
魚生涸濁幾久營
山水不常住
況乃人生輕
始知擇此逈峻地
不獨爲憫懇禱情
處高適見下界事

易曉人間虛無生
此谷人跡豈可尋
大水今沒其窮亨
其跡如雲起與滅
滅後焉知何處行
衆昧萬法皆空理
生涯渾是苦厄攖
其得加被暫避禍
何如能醒夢生醒

* 寺在錦繡山俯臨忠州湖相傳新羅義湘大師卜寺址近年造成海水觀音菩薩像(절이 금수산에 있으며 충주호를 굽어보고 있다. 전해지는 이야기로는 신라 의상대사가 절터를 정했다고 한다. 근년에 해수관음보살상을 만들었다.)

정방사에서 충주호를 바라보다

절이 높은 산에서 천지를 내려다보고 있으니
하계의 구름 기운이 흐렸다 갰다 변화하고
천 봉우리 만 골짜기가 멀리 바닥 아래에 있어
세속의 나그네가 여기에서 굽어보고는 깜짝 놀란다

벼랑 아래에서 벼랑 위를 바라보며
처음 놀러 왔을 때 길이 없나 의심했는데
발걸음이 바위틈을 돌자 홀연 눈이 휘둥그레졌으니
바위덩어리가 겹겹이 돌계단을 이루어서라
불전佛殿 몇 칸이 산 벽에 달라붙어 있는 듯하니
누가 귀신의 솜씨를 얻어 서까래와 기둥을 엮었던가
경내는 좁아 거의 땅이 없으니
형세가 흡사 허공이 절을 들고 있는 듯하구나

절의 위치가 내륙 한가운데에 있어
옆에 넓은 바다가 없으니
염불하며 해수관음을 공경히 기다리는 소리를
여기서 듣게 되리라고 생각이나 했겠는가
예전에 석장을 타고 다니시다 절 자리를 정했다더니
큰스님의 예지력이 영험을 드러낸 것일 터
산중에 댐을 쌓아 큰 호수를 만드니
그 크기가 바닷물이 만경萬頃에 가득한 듯하다

구름 위에서 보면 그 모양이 어떠한가
되나 말로 물을 부어 가산假山에 담아 놓은 것 같은데
실제로 평지 물가에서 목도하는 것은
반짝이는 남빛 물이 백 리에 뻗어 있는 호수이다
이전의 높은 봉우리가 지금 머리 부분만 내놓고 있으니
그 움츠린 모양새가 사나운 물결을 두려워하는 듯
왕래하는 배가 물에 뜬 겨자처럼 작아 보이니
지금 여기에 배를 삼키는 고래가 없다고 누가 단언하겠는가

만백성의 생계가 이 물에 달렸으니
그물 쳐서 물고기를 잡는 이도 있고 물을 끌어들여 농사를 짓는 이도 있는데
물속 괴물이 못된 짓을 해도 사람은 무력하여
비호庇護를 받을 수만 있다면 당연히 정성을 다할 터
재난을 만나 애원하며 괴물을 제압해주기를 기구祈求할 때
그 어떤 방술도 보살이 다스려주는 것만 한 게 없겠지
그 보살의 행적은 원래 알 수 없다지만
간절하게 염송하면 혹 맞이할 수도 있으리라

여기서의 일을 다시 한번 돌이켜 생각해 보니
창상滄桑의 변화에 절로 의아심이 든다
지금은 물고기가 팔딱거리며 뛰는 곳이 되었지만
예전에는 수풀에서 새가 날며 지저귀었지
이 물도 또한 마를 때가 있으리니
물고기가 물 마른 진흙탕에서 얼마나 살 수 있겠는가

산과 물도 이처럼 항상 그대로 있지 않은데
하물며 미약한 사람의 삶임에랴

절터로 이 아득히 높은 곳을 택한 연유를 비로소 알겠으니
간절하게 기도하는 마음을 가여워해서만은 아니었다
지대가 높아서 아래의 세상사를 보기에 적합하니
허무한 인간의 삶을 쉽게 깨우칠 수 있어서였겠지
이 골짝에 살던 사람의 자취 어떻게 찾을 수 있겠는가
지금은 큰 호수의 물에 곤궁했거나 형통했던 그들의 자취가 잠겨버렸다
그 자취는 구름이 생겼다가 소멸하는 것 같으니
소멸한 뒤에 그것이 어디로 갔는지 어찌 알리오

중생은 만법이 모두 공空이라는 이치에 어두워
평생 괴로운 재액災厄에 얽혀서 사니
보살의 가피를 얻어 잠시 화를 피하는 것이
어찌 꿈속 취해 살던 삶에서 깨어나는 것만 하겠는가

해수관음보살상은 바닷가 사찰에 있게 마련인데 내륙 한가운데에 있는 정방사에서 그 상을 보고 의아했다. 의상대사가 훗날 이곳에 바다 같이 큰 호수가 생길 것을 미리 알고서 관음보살에 기도하려는 사람을 위해서 절터를 잡았을까? 그렇지 않다. 아래에 보이는 상전벽해의 변화를 보고 인간사의 무상함을 깨우치게 해주려고 이 절을 지었을 것이다.

遊淨芳寺用陶弘景韻寄人
境內留雲堂柱聯題山中何所有詩

佛廬依絕壁
俯眺遠山雲
勝景何獨樂
重來將伴君

정방사를 노닐다가 도홍경의 운을 써서 사람에게 부치다
경내 유운당의 주련에 <산속에 무엇이 있는가> 시가 적혀있다.

부처의 집이
절벽에 기대 있어서
먼 산의 구름을
내려다본다

빼어난 이 경관을
어찌 혼자 즐기랴
다시 올 땐
그대와 함께 와야지

제3구의 제2자와 제4자 모두 측성이기에, 제4구 제3자에 평성자를 써서 요구하였다. 도홍경陶弘景은 중국 남조南朝 제량齊梁 시기에 살았던 유명한 도사道士이다. 그가 산속에 살며 세간사에 간여하지 않자 당시 황제가 그에게 "산속에 무엇이 있는가?"라고 물었다. 이에 도홍경이 다음과 같은 시를 써서 보냈다.

山中何所有 산속에 무엇이 있을까요?
嶺上多白雲 고개 위에 흰구름이 많지요
只可自怡悅 나 스스로 좋아할 수 있을 뿐
不堪持贈君 임금님께 가져다줄 수가 없네요

황제와 같은 세간 사람은 부와 권력을 귀하게 여기고 그것을 얻기 위해 아등바등 산다. 그들은 산속 구름과 같은 삶을 사는 사람의 한가롭고 담박한 심사를 이해할 수 없다. 설령 구름을 무엇엔가 담아서 가져다준들 그것을 보고 기뻐하겠는가?

戲論延年方示人
宴席有論衛生辭飲酒者故戲作以侑興

義和難退鬢光皤
冷冷心灰避酒歌
仙府相傳駐顏術
流霞快飲代揮戈

장수 비법을 장난삼아 논해 사람에게 보여주다

회식 자리에 양생을 논하며 술 마시는 것을 마다하는 이가 있었기에 장난삼아 이 시를 지어서 흥을 돋우었다.

태양을 되돌리기 어려워서
살쩍의 빛이 하얗게 되었으니
차디차게 마음이 재가 되어
술과 노래로 즐기는 일을 삼가는구나

신선이 사는 집에
젊은 얼굴이 변하지 않게 하는 비법이 전하니
그것은 유하주를 유쾌하게 마시는 것
그렇게 하면 창 휘두르는 일을 대신할 수 있으리라

'《회남자淮南子·남명훈覽冥訓》에 "魯陽公與韓搆難, 戰酣, 日暮, 援戈而撝之. 日爲之反三舍.(노양공이 한나라와 원한 때문에 싸우게 되었다. 전투가 한창일 때 해가 저물자 창을 쥐고 휘두르니, 해가 이 때문에 세 별자리만큼 뒤로 되돌아갔다.)"라는 이야기가 있다. '휘과회일揮戈回日'이라는 사자성어가 이 이야기에서 나왔는데, 창을 휘둘러 태양을 뒤로 돌아가게 하여 시간을 되돌렸음을 뜻한다. 흔히 이 고사는 용맹하게 싸우는 것을 말할 때 쓰이지만, 이 시에서는 세월을 되돌린다는 의미로 활용하였다.
'流霞(유하)'는 전설에 나오는 신선의 음료로 한 잔을 마시면 몇 달 동안 배고픈 줄을 모른다고 한다. 흔히 좋은 술을 뜻하는 말로 쓰인다.

子規

三更月光靜
耳厭子規悲
閑愁禁不住
山客夢參差

자규

삼경의 달빛이
고요한 밤
슬픈 자규 소리가
물리도록 들린다

공연한 시름
견딜 수 없어
산속 나그네는
꿈이 어수선하다

山宿

倚檻閒身數斗星
銀河歷歷夜天晴
寢中却恐撼山雨
晨起方知溪水聲

산에서 묵다

한가롭게 난간에 기대어
북두성의 별을 세고 있었을 때
은하수 또렷하고
밤하늘이 맑았다

잠자리에 들어서는
도리어 산을 흔드는 빗소리가 무서웠는데
새벽에 일어나 보니
그게 계곡물 소리였더라

분명 맑은 밤하늘이었다. 북두칠성의 별 일곱 개를 하나하나 세어 볼 수 있을 정도였다. 그런데 잠자리에 들자 산을 흔들 듯한 빗소리가 요란하였다. 갑자기 폭우가 쏟아졌나보다 생각하면서 무슨 일이 생기지 않을까 불안했는데, 알고 보니 숙소 옆의 계곡물 소리였다. 깊은 산속에서 자본 경험이 별로 없었던 나 자신의 무지에 실소를 금할 수 없는 하룻밤 추억이다.
수구는 인운자로 압운하였다.

流星二首 其一

抑情常繫天
耿耿醒至曙
今夜竟不耐
閃光馳何處

유성 제1수

정을 누른 채
늘 하늘에 매달려 있었다
날이 새도록
반짝반짝 깨어 있었다

오늘 밤
결국 참지 못하였구나
빛을 발하며
어디를 향해 달려가나

流星二首 其二

一縱焰情今失所
長爲地角隕身孤
愴望衆侶猶安穩
燒盡心灰追悔無

유성 제2수

불타는 감정에 한번 몸을 내맡겼더니
이제는 제자리를 잃어버렸다
땅 한 모퉁이에 떨어져
길이길이 외롭게 되었다

여러 짝 여전히 안온한 모습
슬피 바라볼 테지
다 타버린 마음의 재
지난 일 돌이켜 생각할 때 후회가 없을까

宿山寺

僻地來人罕
伴雲僧自閒
經營唯菜圃
晝夜鎖松關
雨歇寒蟬噪
日斜飛鳥還
靜房燈滅夜
谿水撼秋山

산사에서 묵다

외진 곳이라
오는 사람 드무니
구름과 짝한 채
스님은 절로 한가롭다

하는 일이야
그저 푸성귀 밭 가꾸는 것
밤낮으로
소나무 빗장을 닫아 두었다

비 그치자
늦은 매미 시끄럽고
해 비끼자
나는 새 돌아온다

고요한 방에
등 꺼진 밤
계곡물이
가을 산을 흔들어댄다

酒德歌

鼎鼎百年不飲酒
如此竟欲何益獲
愚夫以謂害其生
爲其延年忌一滴
焉知白駒馳崦嵫
歲月忽如石火迫
名利路上常奔走
臨老自歎身已瘠
達者知理等彭殤
不問夭壽壽却益
但樂今樂不待來
眼耳所好未嘗逆
酒是口好何必辭
何況頤養有神力
勿言儀狄伐人性
此物養神稱玉液
忘憂應戴藥中王
憂犯膏肓無藥石
無憂自爲人間仙
九轉金丹可比敵
酒功又醒吾悟性
注口豈翅鄙腸滌

一杯齊物貧同富
東施矉笑勝傾國
三杯一斗通大道
更肯埋頭五車冊
其功何必擇聖賢
清酒利人濁醪亦
粥粥然者何足算
求仙者亦難免惑
葛子濫冀松喬術
昔日對爐應慽慽
試看玄石酩然睡
一宿輒遣千日積
長睡長忘世間事
除此何須他術覓
禦寇飛行又何如
輕擧有待畏風息
酒徒自由自在境
兩腋已生登仙翮
神遊晃晃達九垓
其身安居高陽宅
文豪最味酒德馨
皆是好酒如好色
彭澤折節徒止酒
飲後再娛山氣夕
固窮若無杯中物

責子傷心何以釋
地無酒泉萬斛溶
天上酒雄無奈謫
花間邀月對影酌
強伴醒者心不懌
勿讀酒誥初筵詩
違性矯情害無極
眼前儻有黃醅濃
何不解帶滿杯喫
銜杯儀態何瀟灑
兩腿開箕俄弁側
兀然不知有吾身
陶陶自樂萬事適
吾嘗徧閱頌酒篇
伯倫至至符麴德
大人先生醉無慮
彷徨馮閎不留迹
吾將從師臥醉鄉
穹天爲幕地爲席

술의 덕을 노래하다

허무한 백 년 세월에 술을 마시지 않으니
이렇게 해서 끝내 무슨 이득을 얻으려 하나
어리석은 사람들은 술이 몸을 해친다고 생각하여
수명을 연장하려고 한 방울 마시는 것도 꺼리는데
흰 망아지를 탄 해가 엄자산을 향해 치달리니
세월이 부싯돌 불처럼 순식간에 사라진다는 사실을 그들이 어찌 알랴
명리를 좇는 길 위에서 늘 바쁘게 달리다가
늙게 되면 비로소 몸이 이미 수축해졌다 탄식한다

통달한 자는 이치를 알아 장수長壽와 요절夭折을 같이 여겨서
천수를 따지지 않아 도리어 그의 수명을 늘린다
그저 오늘의 즐거움을 즐길 뿐 내일을 기다리지 않고
눈과 귀가 좋아하는 일을 거스른 적 없다
술은 또 입이 좋아하는 것이니 마다할 게 있으랴
하물며 몸을 보양하는 데 신통력이 있음에랴

의적이 만든 술이 사람의 본성을 망친다고 말하지 말 것이니
이 물건은 정신을 길러주어 옥액이라 칭해진다
시름을 잊게 해주니 응당 약 가운데 왕일 터
시름이 고황을 범하면 약도 침도 소용없다
시름 없으면 절로 인간 세상의 신선이리니
구전의 좋은 단약도 술에 비할 수가 없으리라

술의 공능功能은 또 우리의 오성悟性을 깨어나게 해주니
입에 부어 넣으면 더러운 창자 씻어주는 일만 하는 게 아니다
한 잔 술에 만물을 같이 보는 경지에 드니 빈천을 부귀와 같다 하고
못생긴 동시가 웃는다고 찡그리는 모습이 경국의 미녀보다 어여쁘게 보인다
석 잔 마시고 한 말 마시면 큰 도를 통달하리니
도 깨치겠다고 굳이 다섯 수레의 많은 책에 머리 파묻으려고 하겠는가
그 공능을 이용함에 성인이냐 현인이냐 하고 따질 게 없으니
성인인 청주가 사람에게 이롭듯이 현인인 탁주도 그러하다

소심한 유생이야 따져 말할 것도 없거니와
신선이 되려는 이도 어리석음을 면하기 어렵구나
갈자는 함부로 적송자와 왕자교의 장생술을 바랐으니
지난날 연단하는 화로를 마주하고서 걱정하고 걱정했겠지
유현석이 잔뜩 취해 잠든 모습 보시라
한 번 잠들면 바로 천 날을 연이어 자는구나
길게 잠들어 오래도록 세상사를 잊었으니
이 밖에 다른 방술을 또 찾을 게 있겠는가

열어구가 하늘을 날 때는 또 어떠했나
경쾌하게 날 때 기댈 게 있어야 했으니 바람이 그칠까 두려웠겠지
술꾼의 자유자재한 경지는 어떠한가
취하면 이미 두 겨드랑이에 우화등선하는 날갯죽지가 생겨나
정신이 온 천지 끝까지 순식간에 가서 노닐지만
그 몸은 오히려 고양의 자기 집에 편안히 있다

글 짓는 호걸은 술이 가진 덕의 향기를 가장 잘 음미했으니
모두들 술 좋아하기를 여색 좋아하듯 하였다
팽택령 도연명이 지조를 바꾸어 괜스레 술을 끊기도 했지만
다시 마시고서야 저녁 산 기운을 또 즐길 수가 있었지
곤궁한 삶에 만약 술잔 속의 그 물건이 없었다고 한다면
못난 자식 책망할 적에 그 속상한 심사를 어찌 풀었으랴

술 만 곡이 솟아나는 주천이 땅에 없었다면
천상에서 이 땅으로 귀양 온 술의 영웅 이태백이 어찌 참고 살 수 있었겠는가
꽃 사이에서 달을 부르고 그림자 대하고 마셨는데
술 깬 이들 억지로 짝하고 마실 때에는 마음이 기쁘지 않았다고 하였다

주고 편과 빈지초연 시는 읽지를 말아라
타고난 성정을 어기면서 고치려 들어 그 해악이 끝이 없다
눈앞에 누렇게 익은 술이 있다면
어찌 허리띠 풀고서 잔 가득 채워 마시지 않으리오
술잔을 입에 문 그 모양새는 어찌 그리도 멋들어진지
두 다리 쭉 벌리고 앉았고 기울어진 모자가 삐딱하구나
명하여 자기 몸이 있는지도 모르며
도도히 취하여 스스로 즐기니 만사가 유쾌하다

내 일찍이 술을 송찬하는 글을 두루 보았는데
유영劉伶의 글이 지극한 경지에 이르러 누룩의 덕과 부합하더라
대인선생은 취하면 아무 생각도 없어져

광대허무廣大虛無의 세계에 소요하면서 자취를 남기지 않았다
내 그분을 스승으로 따르며 취향醉鄕에 누우리니
둥근 하늘은 장막으로 삼고 대지를 침석寢席으로 삼으리라

'白駒(백구)'는 흰 망아지로, 빠르게 지나가는 세월을 비유한다. 《장자·지북유知北游》에 "人生天地之間, 若白駒之過郤, 忽然而已.(사람이 천지간에 사는 것은 마치 흰 망아지가 좁은 틈을 지나가는 것과 같아서, 순식간일 뿐이다.)"라는 말이 있다.

'崦嵫(엄자)'는 해가 지는 곳에 있다는 전설의 산이다.

'儀狄(의적)'은 하夏나라 때 술을 처음 만든 사람인데 그가 마신 술을 우禹 임금이 마셔보고 앞으로 이것 때문에 나라를 망치는 사람이 나오겠다고 걱정했다는 이야기가 《전국책戰國策·위책魏策》에 보인다.

《논어·자한子罕》에 "吾未見好德如好色者.(나는 덕을 좋아하기를 여색 좋아하듯이 하는 사람을 아직 보지 못했다.)"라는 공자의 탄식이 보인다. '술 좋아하기를 여색 좋아하듯이 한다'라는 표현은 이를 활용한 것이다.

두보의 〈제백학사모옥題栢學士茅屋〉 시에 "男兒須讀五車書.(남아는 모름지기 다섯 수레의 책을 읽어야 한다.)"라는 시구가 있다.

'粥粥(죽죽)'은 《예기·유행儒行》에 나오는 말이다. 육덕명陸德明의 《석문釋文》은 "卑謙貌.(자신을 낮추어 겸양하는 모습이다.)"라고 풀이하였다. 여기서는 그 말로 유생의 소심함을 풍자하였다.

'葛子(갈자)'는 갈홍葛洪이다. 동진東晉사람으로 신선술에 대한 이론을 세웠다. 그의 저서인 《포박자抱朴子》는 내편 20편과 외편 50편이 전해진다. 내편에 연단煉丹, 태식胎息 등 신선술에 대한 이론이 있고, 외편은 이와 달리 사회 현상에 대한 논설이 위주이다.

'松喬(송교)'는 적송자赤松子와 왕자교王子喬, 모두 전설에 나오는 신선이다.

'천일주'는 한 번 마시면 천일을 취하게 하는 술로, 전설에 의하면 중산中山 사람 적희석狄希가 만들었다고 한다. 이 술과 관련하여 유현석劉玄石의 이야기가 유명하다. 그가 중산에 가서 그 술을 사가지고 와서 마시고 취하였다. 그가 며칠이 지나도 깨어나지 않자 가족들이 그가 죽었다고 생각하고 장례를 치렀다. 천 일이 지난 뒤 술집 주인이 그의 집을 찾아갔더니 이미 장사를 지냈기에 관을 꺼내 열어보니 그때에서야 술이 깨어 관에서 나왔다. 진晉나라 사람 장화張華가 쓴 《박물지博物志》에 나오는 이야기이다.

'禦寇(어구)'는 열어구, 흔히 열자列子라고 칭하는데 바람을 타고 날아다녔다는 신선이다. 그가 하늘을 날기 위해서는 반드시 바람이 필요했으니, 그의 신선놀음에도 제약이 있어 완전히 자유롭지 못했던 셈이다. 《장자·소요유逍遙遊》에서 "夫列子御風而行, … 此雖免乎行, 猶有所待者也.(저 열자는 바람을 타고 간다. … 이는 걸어다니는 것을 면했지만, 그래도 의지하는 것이 있다.)"라고 한 말이 바로 이런 사실을 의미한다. 술꾼은 그저 취하기만 하면 신선이 된 기분이다. 선약을 만들려고 화로 앞에서 끙끙대지

않아도 되고 날기 위해서 바람을 기다릴 필요도 없다. 그러니 갈홍이나 열어구보다 낫지 않은가?

'고양주도高陽酒徒'라는 말이 있다. 술꾼을 뜻하는데, 역이기酈食其가 한나라 고조 유방을 만났을 때 자신을 소개하면서 "吾高陽酒徒, 非儒人也.(나는 고양의 술꾼이지 유생이 아니다.)"라고 한 데서 유래하였다. 역이기 이야기는 《사기·역생육가열전酈生陸賈列傳》에 나온다.

도연명은 <지주止酒>라는 시를 지어 금주하겠다고 다짐한 적이 있다. 물론 그 뒤로 다시 마셨을 것이다. 또 자식을 나무라는 <책자責子> 시에서 "天運苟如此, 且進杯中物.(하늘이 내린 운명이 이와 같으니 그저 술잔 속의 물건을 들이킨다.)"이라고 하였으니, 못난 자식을 둔 답답한 심사를 술로 풀었음을 알 수 있다. '娛山氣夕(오산기석)' 즉 '저녁 산기운을 즐긴다'는 것은 <음주이십수飮酒二十首>에 나오는 표현을 활용한 것이다.

이태백과 관련된 표현은 <월하독작月下獨酌> 시에 나온 표현을 활용한 것이다.

'酒誥(주고)'는 《서경》의 편명이고 '賓之初筵(빈지초연)'은 《시경》의 시이다. 모두 술의 해독을 말하였다. <빈지초연> 시에 "側弁之俄.(기울어진 모자가 삐딱하다.)"라는 말이 있다.

'伯倫(백륜)'은 죽림칠현 중 한 사람인 유영劉伶이다. 그는 <주덕송酒德頌>을 지어 술의 덕을 송찬하였다.

熱帶夜

夏時何嘆夜更長
四戶皆開不覺涼
耳厭扇機作風響
頭昏撒藥殺蚊香
無愁輾轉汗莞席
欲寢頻煩銜酒觴
破曉纔生清爽氣
大焦熱苦暫能忘

열대야

여름철인데
왜 밤이 길다고 탄식하나
사방 문을 다 열어도
시원하지가 않아서라

선풍기가 바람 일으키는 소리에
귀가 질리고
약을 뿌려 모기 잡는 냄새에
머리가 어지럽다

근심거리도 없건만
몸 뒤척이느라 대자리에 땀이 차니
잠을 청하느라
몇 번이고 술잔을 입에 문다

새벽이 되어서야
겨우 맑고 시원한 기운이 생겨
지옥의 대초열 세계 그 뜨거운 고통을
잠시나마 잊을 수 있다

'大焦熱(대초열)'은 지옥계地獄界 중 하나이다.
제3구는 제5자와 제6자의 평측을 바꾸어 요구拗救하였다.

夏夜酒肆邀友見拒故戲作以寄之

灌酒唯能濯熱腸
炎威至夕尙强梁
室家畏客如逢虎
壚肆陳肴可共觴
已設今場須晤對
何言後日再商量
問君將激西江水
以救喘魚瀕死殃

* 俗言夏日畏客甚於逢虎 (속담에 "여름 손님은 호랑이보다 무섭다."라는 말이 있다.)

《장자·외물外物》에 다음과 같은 우언이 있다. 장주莊周가 살림살이가 어려워 감하후監河侯에게 곡식을 빌리러 갔더니, 그가 말하기를 "앞으로 세금을 거두어들일 예정이니 그때 가서 많은 돈을 빌려주겠소"라고 하였다. 이에 장주는 화를 내면서 말하였다. "내가 오는 도중에 수레바퀴 자국 파진 곳에 들어 있는 물고기가 물이 부족해 헐떡거리는 것을 보았는데, '나는 동해 바다의 신하요. 그대가 약간의 물을 부어주어 나를 살려 주시겠지요'라고 하더이다. 그래서 '알았소. 내가 지금 오월吳越의 왕을 만나러 가는 중이니 일이 끝난 뒤에 서강西江의 물을 밀어 보내어 그대를 맞아들이겠소'라고 대답했지요. 그랬더니 그 물고기가 화를 내면서 '지금 당장 조금의 물만 있으면 살 수 있는데, 그렇게 못 해 준다 하니 그대는 말라죽은 나를 건어물전에서 찾는 게 나을 거요'라고 하더이다."

날이 덥고 심사가 답답해서 오늘 저녁에 한잔하자고 청했는데, 다음날 좋은 자리 마련할 테니 그때 보자고 한다. 정말 괘씸한 친구이다.

여름밤 술집에서 벗을 불렀지만 거절당했기에 장난삼아 지어서 부치다

술을 들이켜야만
뜨거운 창자를 씻을 수 있으니
불볕더위의 위력이
저녁이 되어도 여전히 사나워서라네
집사람이 손님 무서워하기를
호랑이 만나듯 하니
목로주점에서
안주 차려놓고 함께 마시면 되겠지

판을 벌여놓았으니
당장 마주 앉아야지
어찌 날을 뒤로 미루었다가
다시 상의하자 할 일인가
자네에게 물어보겠네
서강의 물을 훗날 밀어 보내주어
지금 숨을 헐떡거리며 죽어 가는 물고기의 재앙을
구해줄 수 있겠는가

夢仙

昨夜情如醉
瑤臺共晤時
姮娥欲分藥
萼綠又吟詩
多歷黃塵變
遇遭玄鳥詒
仙緣何可久
夢裏已遲疑

'瑤臺(요대)'는 신선이 사는 곳을 말한다.
'姮娥(항아)'는 달의 여신이다. 서왕모의 불사약을 남편인 예羿와 나누어 먹지 않고 혼자 다 먹어버린 뒤 달나라로 도망갔다.
'萼綠(악록)'은 악록화萼綠華이다. 그녀는 구의산九嶷山에서 수도하던 신선인데, 진晉 목제穆帝 때 밤에 양권羊權의 집에 내려와서 시 한 편과 여러 예물을 주었다. 또 선약도 주었는데 양권이 이것을 먹고 신선이 되었다.
'玄鳥(현조)'는 제비이다. 봉황이라는 설도 있다. 굴원屈原이 지은 초사楚辭인 <구장九章·사미인思美人>에 "高辛之靈盛兮, 遭玄鳥而致詒.(고신씨는 신령한 덕이 있어서 예물을 보내는 제비를 만났다.)"라는 이야기가 나온다.

꿈에 선경仙境에서 노닐다

어젯밤의 내 마음
술에 취한 것 같았으니
요대에서
선녀를 마주하고 있었던 때였지
달나라의 항아는
불사약을 나누어 주려 했고
구의산의 악록화도
시를 읊조렸다

누런 먼지 속의 세상사
그 무상함을 많이도 겪고 살아왔으니
검은 새 제비가 전해주는 물건을
우연히 받았어도
선경仙境의 연분이
얼마나 오래갈 수 있을까 싶어
꿈속에서도
의심하며 머뭇거렸다

敬次凝窩先生晚歸亭韻贈小南

何卜洪開洞窅深
閒居窮理遂初心
欲遐浮譽隱仙窟
愈播淸風鳴士林
詒厥孫謨長慕祖
保斯舊業竟傳今
羨君後日成功退
能賦歸來此澗潯

- 先生姓李諱源祚謚號定憲(선생의 성은 이, 휘는 원조, 시호는 정헌이다.)
- 晚歸亭在於星州洪開洞(만귀정은 성주 홍개동에 있다.)
- 小南名世東現任慶北大敎授(소남은 이름이 세동이고, 현재 경북대 교수이다.)

경북대 이세동 교수의 초대를 받아 그의 선조인 응와선생이 지은 만귀정에 가서 하루 묵었다. 응와선생의 시가 있기에 차운하여 이 교수에게 지어주었다.
《시경·문왕유성文王有聲》에 "詒厥孫謨, 以燕翼子.(후손에게 계책을 남겨주어 공경하는 아들을 편안하게 하였다.)"라는 말이 있다.

응와선생의 만귀정 시에 삼가 차운하여 소남에게 주다

홍개동 깊숙한 곳에 터를 정한 것은
무엇 때문이었을까
한가로이 지내며 이치를 궁구하겠다는 초심을
지켜내고자 해서였겠지

덧없는 명예를 멀리하고자
신선이 사는 굴에 은거했건만
맑은 기풍이 더욱 퍼져나가
사림士林에 이름을 크게 떨쳤다

자손을 위한 계책을 남겼기에
자손은 길이 선조를 흠모하여
이 옛 가업을 지켜
결국 지금까지 전해왔구나

그대가 부럽네
훗날 공업을 이루고 물러날 때
귀거래사를 읊으면서
이 산골 물가로 돌아올 수 있을 테니

[原韻]

牙田欠笻竹村深
葛谷前溪晚愜心
雙瀑分流三面石
四山環擁一丘林
莫言慳秘千年久
自是經營十載今
好去金剛遊債了
歸來閒臥水雲潯

- 牙田竹村葛谷皆地名('아전', '죽촌', '갈곡'은 모두 지명이다.)

이 시의 번역은 이세동 교수가 직접 번역한 것을 참고하였다. 그의 설명에 의하면 응와선생이 원래 금강산 유람을 계획하여 제천까지 올라갔다가 경주부윤에 제수되어 부득이 중도에 돌아온 일이 있었는데, 후에 다시 금강산을 유람하고 그 뒤에 만귀정을 지었다고 한다. 제7구는 그 일을 말한다.

[원운]

아전은 좁고 외지고
죽촌은 깊은데
갈곡의 앞 냇물이
늘그막에 마음에 들었다

삼면의 바위 사이로
두 폭포가 나뉘어 흐르고
하나의 언덕 숲을
사방의 산이 둘러쌌다

천년 오래도록 아껴둔 땅이라
말하지 말라
십 년을 경영하여
오늘에 이르렀다

금강산 잘 다녀와서
놀이 빚을 갚았으니
돌아와서
구름 물가에 한가롭게 누우련다

申年秋日有感

百歲二分其一空
知天何又問窮通
紅顔已失沈吟裏
白髮將繁冗悶中
秋色到從春氣變
霜楓美勝雨花紅
逢時猶可忘憂物
杜興宋悲毋費功

당나라 시인 두보는 〈추흥팔수秋興八首〉에서 가을날에 느낀 자신과 시국에 대한 시름을 표현하였는데, 그 시는 두보 칠언율시의 압권으로 평가된다.
초사楚辭의 대표 작가로 꼽히는 송옥宋玉은 "悲哉, 秋之爲氣也. 蕭瑟兮, 草木搖落而變衰.(슬프다, 가을의 기운이여. 쓸쓸하다, 나뭇잎이 떨어져 시드는구나.)"라는 말로 시작하는 〈구변九辯〉에서 가을을 슬퍼하였다. '송옥비추宋玉悲秋'라는 말은 바로 여기서 유래하였다.
지천명의 나이에 가을을 맞았다. 비록 천명을 알지는 못하지만, 인생살이의 궁통과 세월의 무상함에 어느 정도는 초연해야 할 것이다. 가을에 느끼는 지모遲暮의 감정을 읊조리느라 두보나 송옥처럼 고음苦吟하며 정력을 낭비할 일이 아니라는 생각이 들어 이 시를 지었다.
경련의 두 구는 당구대當句對이다.

갑신년 가을의 소감

백 세 나이를 둘로 나누어 보니
그 하나가 없어졌구나
천명을 알아야 할 때이니
어찌 또 인생살이 궁통窮通을 따지겠는가

나직이 심사를 읊조리던 중에
붉은 얼굴의 젊은 시절은 이미 가버렸고
이런저런 생각에 번민하느라
흰 머리칼이 많아지게 되었다

봄기운이 바뀐 뒤
가을빛이 이르니
빗속의 붉은 꽃보다
서리 맞은 단풍이 더 아름답구나

이런 때를 만났으니
시름을 잊게 하는 술은 그래도 괜찮지만
두보의 감흥과 송옥의 슬픔에
애를 쓰지는 말아야지

秋日寄東峯

豪情消遣今何樣
醉臥秋山心似春
多病戒杯雖已久
何辭靑眼共沾脣

* 東峯吾友田九浩之雅號('동봉'은 내 벗인 전구호의 아호이다.)

가을날 동봉에게 부치다

호탕한 감정을
지금 어떻게 풀며 지내시나
취하여 가을 산에 누울 때면
마음은 봄과 같으시겠지

병이 많아 술을 삼간 지
비록 오래지만
반가운 눈빛으로 함께 입술 축이는 정도야
내 어찌 마다하겠소

술 좋아하고 돌아다니기 좋아하는 동봉이니 오늘은 어느 산에서 술에 취해 뻗어 있을까? 술에 취하면 가을에도 마음은 봄과 같겠지. 몸이 좋지 않아 한동안 술을 삼가고 있지만 함께 어울려 한두 잔 술로 입술이라도 축였으면 싶다.

醉言贈小南

昨日與紫霞社諸益遊全州今朝臨別時余嘆曰詩友會飮平時樂也然身上有恙後或不陪幸願見諒不意小南迂途共車遠至安養其爲寬余心乎坐酒肆巡數盃醉心不禁慷慨故作四韻以示余志幷致謝焉

惜別行迂千里程
何辭蘸甲盞連傾
交歡自使愁心失
養病無妨豪氣生
戰士衰身臨陣勇
學人老眼對書明
他時再賦靑蓮興
快飮猶如吸海鯨

이 교수는 집이 대구인데도 헤어지기 아쉽다면서 안양까지 따라와 주었다. 고마운 마음에 다시 술판을 벌였다. 전사는 늙어서도 적진 앞에서는 용감해지고 학인은 늙어서도 책을 대하면 눈이 밝아진다. 그래도 주당 소리 듣는 나인데, 잠시 건강상의 문제로 술을 삼간다고 해서 기백이 꺾일 수는 없다. 술 취한 김에 앞날을 장담하며 큰소리를 쳐봤다.

'흡해수홍吸海垂虹'이라는 사자성어가 있다. 바닷물을 들이키는 고래와 바닷물에 드리운 무지개라는 뜻으로 술을 퍼마시는 술꾼을 비유한다.

취하여 한 말을 시에 써서 소남에게 주다

어제 자하시사 여러 벗과 함께 전주를 노닐었다. 오늘 아침 헤어질 때 내가 탄식하며, "시 짓는 벗과 모여 술 마시는 게 내 평소의 즐거움이다. 그런데 몸에 탈이 생겨 후에 혹 배석하지 못하는 경우가 있을 듯하니 양해해 주기 바란다."라고 하였다. 생각지도 않게 소남이 길을 돌아 함께 차를 타고 멀리 안양까지 왔다. 아마도 내 마음을 위로해주려는 것이리라. 술집에 앉아 몇 순배 하니, 취한 마음에 감개를 금할 수 없어서 4운의 시를 지어서 내 뜻을 보여주고 아울러 감사의 뜻을 표한다.

헤어짐이 아쉬워
천 리 길을 멀리 돌아와 주었으니
넘치도록 따른 잔 연거푸 기울이는 것
어찌 마다하겠소

서로 어울려 즐거움을 나누느라
시름이 절로 사라지니
요양하는 몸인데도
호기가 일어난다오

전사는 몸이 노쇠해도
전진戰陣 앞에서는 씩씩해지고
학인은 눈이 늙어도
책을 마주하면 밝아진다고 하지요

청련거사 이태백 같은 홍취를
내가 다시 읊는 날
바닷물 들이키는 고래인 양
호쾌하게 마시리라

放言再贈
小南卽席和韻見示吾深嘆其文才敏捷且憶昔飲酒時相期遊訪中原詩林因而又綴二韻以侑酒興

吾雖獨樂釣詩生
不避文場與傑爭
今對陽春眼開爽
將期携手越長城

허튼 말을 하여 다시 소남에게 주다

소남이 즉석에서 화작하여 나에게 보여주었다. 내가 그의 문재가 민첩함에 깊이 감탄하였고 또 예전에 술을 마실 때 중국의 시단을 찾아가 노닐자고 기약한 것이 생각나서 다시 절구 한 수를 엮어 주흥을 돋운다.

시를 낚으며 사는 삶을
홀로 즐기며 지내지만
글 마당에서 호걸과 겨루는 일도
피하지는 않는다오

지금 양춘 같은 좋은 노래를 대하니
눈이 시원하게 뜨이는구려
앞으로 서로 손을 잡고
만리장성 넘어가기를 기대해 보지요

송옥宋玉의 〈대초왕문對楚王問〉에 "其爲陽阿薤露, 國中屬而和者數百人, 其爲陽春白雪, 國中屬而和者不過數十人而已.(〈양아〉와 〈해로〉를 부르면 국도國都에서 화답하는 이가 수백 명이지만 〈양춘〉과 〈백설〉을 부르면 국도에서 화답하는 자가 불과 수십 명일 뿐입니다.)"라는 말이 있다. 이 글로 인해 '양춘陽春'과 '백설白雪'은 수준 높은 시를 뜻한다. 여기서는 이 교수의 시를 지칭한다.

秋思

照鏡梳衰鬢
年過五十時
生涯半分節
黃葉惹多思

가을날의 상념

거울 비춰
허예진 살쩍 빗으니
내 나이
오십을 넘은 때라

백 년 생애
절반이 지났기에
누런 낙엽에
상념이 많아진다

秋日田家述懷

疏性本宜居野田
生涯歸着但憑天
身雖未共同人業
心則常祈大有年
京洛卅年勞亂夢
江湖一枕喜甘眠
飲醪快又吟詩好
應爲胸中復浩然

가을 농가에서 감회를 적다

엉성한 성품이라
시골에서 사는 게 어울리겠지만
앞으로 내 인생이 어디에 귀착할지는
하늘의 뜻에 맡길 수밖에

뜻이 같은 사람이 하는 이 농사일
몸은 아직 그 일을 함께하지 못하지만
풍년이 들기를
마음으로는 늘 기원하고 있다

서울에서의 삼십 년
어지러운 꿈에 고단했으나
이 강호에서는 한 번 누우면
단잠을 기쁘게 이룬다

막걸리 맛이 시원하고
읊는 시도 좋으니
이는 분명
가슴 속 호연지기를 다시 찾았기 때문이리라

전원에 살고 싶다. 그렇게 될지 아니면 지금처럼 어쩌다 틈이 나면 하루 이틀 쉬다가 다시 서울로 돌아갈지, 앞날을 알 수가 없다. 인생사 내 뜻대로 되던가? 하늘의 뜻에 맡길 뿐이다.

戲作謝霞村山菜之惠

荊妻窺盒卽開眉
香味可知山野奇
何止窮家省錢費
不聽床上輒求疵

* 霞村時習會員姓徐名畢敎(하촌은 시습회 회원이다. 성은 서 씨, 이름은 필교이다.)

장난삼아 지어서 하촌이 산나물을 보내준 것에 감사하다

마누라가 찬합을 들여다보자마자
활짝 웃으니
그 향과 맛
산과 들의 기이한 것임을 알 수 있어서라

곤궁한 살림에
돈을 절약할 뿐이랴
밥상에서 매번 하는 트집
듣지 않게 되었구나

蛛網露

林樹今看瑩點點
圓珠萬斛卦銀絲
終宵盡巧作密網
捕露却成晨景奇

거미줄의 이슬

숲속 나무에
점점이 반짝이는 물방울
둥근 구슬 만 곡이
은빛 실에 걸려 있다

밤새 솜씨를 다해 엮은
촘촘한 그물
이슬을 잡아
새벽 아름다운 빛을 이루었다

밤새 만든 그물에 먹이는 잡히지 않고 이슬이 맺혀 있다. 이슬을 잡으려고 그물을 쳤을까? 벌레가 걸린 흉측한 모습과 딴판으로 아름다움을 느끼게 해준다.
제3구의 제4자와 제6자가 모두 측성이어서 제4구의 제5자에 평성자를 써서 요구拗救 하였다.

秋池

秋日蓮池裏
殘花紅半萎
猶有蜻蛉到
依依貼不離

가을 연못

가을 날
연못 속
남아 있는 연꽃도
붉은빛이 반쯤 시들었다

그래도
찾아오는 잠자리가 있어
아쉬운 듯
붙어서 떨어지지 않는다

奉化路向覺華寺

眼牽深邃境
不厭路迍邅
地僻山光老
人稀野氣鮮
懸枝紅奈耀
埋草小花娟
到寺須淸供
停車問藥泉

* 寺在慶北奉化(절은 경북 봉화에 있다.)

봉화 길에서 각화사로 향하다

깊고 그윽한 경관에
눈길이 끌리다 보니
가는 길이 험해도
싫지가 않다

땅이 외지니
산빛이 늙었고
인적 드물어
들 기운이 조촐하다

가지에 매달린 능금
붉게 빛나고
풀에 묻힌 꽃
작은 모습 어여쁘다

절에 가면
맑은 공양물이 필요할 터
차를 세우고
약수 샘을 찾는다

林檎

芳心何處向
植地可憐生
凝結終難掩
相思紅實盈

능금

향기로운 그 사랑은
어디를 향한 것일까
땅에 심어져 갈 수 없었으니
그 삶이 안쓰럽다

맺혀 엉긴 심사
끝내 감출 수 없어
그리움이 열매 되어
붉은빛 가득하다

遊覺華寺

絶塵風自潔
習靜鳥忘啼
古樹煙嵐靄
遊人尋路迷

* 境內有禪院禁閒人出入(경내에 선원이 있어 외부인의 출입을 금한다.)

각화사를 노닐다

세속 먼지 끊겨서
바람 절로 깨끗하고
고요함에 익숙해져
새도 지저귀길 잊었다

오래된 나무숲에
자욱한 산안개
놀러 온 사람
길 찾느라 이리저리 헤맨다

경내에 참선만을 위한 선원이 있다. 스님의 수행을 방해하지 않기 위하여 일반 절과 달리 하루 종일 종도 치지 않는다고 한다.

山寺秋懷

山寺三更靜
煩疑睡不成
心灰隨歲積
眼炬待誰明
花落蝶何處
葉疎蟬忽驚
殘生幾多日
從此學無生

산사의 가을날 감회

고요한
한밤의 산사
이런저런 번뇌로
잠들지 못한다

마음에는
식은 재가 세월 따라 쌓였는데
눈은
누구를 만나야 불을 밝힐까

꽃이 떨어지면
나비는 어디로 가나
잎이 성글어지면
매미가 갑자기 놀라겠지

남은 생이
그 얼마일까
삶도 죽음도 없는 경지를
이제부터 배우련다

'거안炬眼'이라는 말이 있다. 횃불처럼 밝은 지혜의 눈을 뜻한다.

戱贈賜牌山故人

心與閒雲契
占居碧嶺陲
釋經隨手閱
謝屐磬心治
風好登峰數
月淸歸屋遲
買山吾欠福
徒羨鹿門期

* 鄭相泓博士號川步居在京畿道賜牌山下(정상홍 박사는 호가 천보이다. 경기도 사패산 아래에 살고 있다.)

사패산에 사는 벗에게 장난삼아 써 주다

마음이
한가로운 구름과 맞기에
푸른 고개 자락에
집터를 점쳐 살면서
석가釋迦의 경전은
손 가는 대로 읽고
사영운謝靈運의 신발을
마음 쏟아 손질한다

바람이 좋다고
봉우리에 자주 오르며
달빛 맑을 때면
집에 느지막이 돌아온다는데
산을 사서 그렇게 사는 복
내게 없으니
녹문鹿門의 기약
그저 부러워만 한다

사영운은 남조南朝 제齊나라의 저명한 시인이다. 산을 좋아하여 등산용 신발을 스스로 개발하였는데, 신 앞뒤에 굽을 달아 산을 오를 때면 앞쪽 굽을 떼어내고 내려올 때면 뒤쪽을 떼어서 다니기에 편하게 했다고 한다. 흔히 '사공극謝公屐'이라고 칭한다.
신발 애호가로는 《세설신어·아량雅量》에 나오는 완부阮孚가 유명하다. 그는 재물에 별다른 욕심이 없었는데 유독 신발에만 집착하여 집에서 늘 신발에 초를 칠하여 광택을

내는 일에 몰두하면서, "한평생 몇 켤레의 신을 신을지 모르겠다."라고 탄식했다고 한다. 불법에 관심이 있어 욕심 없이 사는 천보도 한평생 산에 몇 번이나 오를 수 있을까 하면서 등산용 신발에 집착하지 않았을까?

동진東晉의 고승인 지도림支道林이 또 다른 고승인 심공深公의 산을 사려고 하자, 심공이 "소보巢父와 허유許由 같은 참된 은자가 산을 사서 은거했다[買山而隱]는 말은 듣지 못했다."라고 하면서 은근히 그를 놀렸다. 《세설신어·배조排調》에 나오는 일화인데, 이로 말미암아 '산을 산다[買山]'는 말은 은거 생활을 뜻하게 되었지만, 은거를 반드시 산에서 할 필요가 없다고 하는 깨우침도 담고 있어 재미있다.

'鹿門(녹문)'은 중국 양양襄陽에 있는 산 이름이다. 후한後漢 시대의 명사인 방덕공龐德公이 처자식을 데리고 이 산에 올라 약초 캐며 살았기에, 흔히 은퇴하여 사는 산수 자연을 뜻하고, '鹿門期(녹문기)'는 산수 자연에서의 삶에 대한 기대를 뜻한다.

이 시에는 완부와 지도림의 고사가 감추어져 있다. 이를 알아야 시제의 '戲(희)' 자의 의미를 비로소 이해할 것이다.

安眠島偶吟

島山到處景淸幽
沿路行人閑似鷗
落日殘暉雲忽染
古林爽氣鳥皆投
仕官未有營三窟
期隱可無占一丘
終老莫如望海地
悠悠心欲作虛舟

* 安眠島在忠南道(안면도는 충청남도에 있다.)

안면도에서 우연히 읊다

섬의 산 곳곳이
경치가 맑고 그윽하니
길을 가는 행인의 모습
한가롭게 노니는 물 위의 갈매기 같다

지는 해 남은 햇빛에
구름이 갑자기 물드니
오래된 숲 시원한 기운 속으로
새가 모두 날아든다

공직 생활하면서
세 곳에 굴을 마련하지는 못했어도
은거하여 살기를 바라는 사람이
어찌 점쳐둔 언덕 하나 없을 수 있겠는가

노년을 보내기로는
바다를 바라보는 곳만 한 데가 없을 터
한적閑寂한 마음
빈 배처럼 될 수 있겠지

'교토삼굴狡兔三窟'이라는 말이 있다. 교활한 토끼는 몸을 숨길 굴을 세 군데 마련해 둔다는 의미로, 장래를 대비해서 여러 가지 방책을 마련해 두는 것을 비유한다.《전국

책戰國策·제책齊策》)에 이 말이 나온다.
《장자·산목山木》에서 유래한 '허선촉주虛船觸舟'라는 성어가 있다. 배를 타고 가는데 사람이 타지 않은 빈 배가 와서 부딪친다면 아무리 성질이 급한 사람도 화를 내지 않게 된다는 사실을 말하는데, 이는 사람이 마음을 비우고 살면 남에게서 화를 입지 않게 됨을 비유한다. 이 고사로 인해 '허주虛舟'는 흔히 마음이 광달曠達하여 욕심이 없는 경지를 뜻한다.

泰安磨崖三尊佛

  崖佛濱海歷千年
  百濟匠魂刻得肖
  風雪耗盡窊隆面
  日光猶見天眞笑

* 泰安地名在忠南道(태안은 지명이다. 충청남도에 있다.)
* 世評磨崖佛逼肖百濟人之德性(세간에서는 마애불이 백제인의 덕성을 매우 닮았다고 평한다.)

태안 마애삼존불

바닷가에서 천년 세월 겪은
마애磨崖 부처님
백제 장인의 혼을 새겨 넣어
서로 닮았다

바람을 맞고 눈에 삭아
오목볼록 그 얼굴 모습은 다 닳았지만
햇빛이 비치면
천진한 미소 지금도 나타난다

淺水灣觀鳧

南征暫向此灣留
遙見群鳧棲止稠
渺似纖螃伏泥集
又疑黑荏撒波浮
風搖狄葦乍齊擧
潮靜渚洲今散游
鶴雁相和已入畫
夕暉又染海悠悠

* 灣在忠南瑞山(만은 충남 서산에 있다.)

천수만의 오리 풍경

남쪽으로 가다가
잠시 이 물굽이에 머문 오리 떼
빼곡히 자리 잡은 광경
멀리 보인다

아득히 물가에 있는 모습은
자잘한 방게가 진흙에 엎드린 채 모여 있는 듯
또 물결 위를 보면
검은깨 흩뿌려져 떠다니는 듯

바람이 갈대숲을 흔들어
일제히 날아오르더니
조수가 잦아든 물가 모래톱에
이제 흩어져 떠다닌다

두루미 기러기와 어우러진 오리 떼
이미 그림 속에 들었는데
저녁 햇빛이
또 아득한 바닷물을 물들인다

천수만에 겨울이 오면 여러 철새가 모여드는데 오리 종류가 특히 많다. 갯가에 있는 오리의 모습을 멀리서 보면 모래톱에 게딱지가 옹기종기 모여있는 것 같고, 하늘을 나는 가창오리는 마치 검은깨가 떠다니는 듯하여 장관을 이룬다.

月曆贈送鴻山見寄謝意次韻答之二首 其一

含情看玩無情物
蕢莢植生君子盆
見擲金聲愧木李
吾家篋牘得珍存

달력을 홍산에게 보냈더니 감사하다는 뜻으로 시를 보내왔기에 차운하여 답하다 제1수

감정이 없는 사물을
애정을 가지고 보며 즐기느라
군자의 화분에
명협을 심어 기르시네

쟁쟁하게 울리는 좋은 시를 보내주어
하찮은 물건 드린 게 부끄럽지만
내 집의 글 상자는
보배를 얻게 되었구나

홍산에게 달력을 보냈더니 감사하다고 시를 보내왔다. 《시경·목과木瓜》에 "投我以木李, 報之以瓊玖.(나에게 목리를 던져주기에 옥으로 보답한다.)"라는 말이 있는데, 나는 이와 반대로 목리를 보내고 옥을 얻은 셈이다.
'蓂莢(명협)'은 요堯 임금의 전설에 나오는 상서로운 풀의 이름이다. 초하루부터 보름까지 하루에 하나씩 잎이 났다가 보름이 지나면 다시 하나씩 떨어진다고 한다. 이로써 한 달의 날짜를 알 수 있기에 달력을 가리키게 되었다. 역명曆蓂이라고 칭하기도 한다.
'척지유성擲地有聲', '척지금성擲地金聲'이란 말이 있다. 글을 땅에 던지니 금석金石의 소리가 난다는 뜻으로 글이 아름답고 힘이 있음을 비유한다.

月曆贈送鴻山見寄謝意次韻答之二首 其二

才如古貨今難賣
何日陽光照覆盆
時命循環息又旺
浩然自守恒心存

달력을 홍산에게 보냈더니 감사하다는 뜻으로 시를 보내왔기에 차운하여 답하다 제2수

재능이 옛날의 재화와 같아
지금은 팔기 어려우니
어느 날에나 햇빛이
뒤집힌 화분 속을 비출까

시절 운세는 돌고 돌아
사그라들었다가 또 왕성해지는 법
호연한 기상으로
항심恒心을 스스로 지켜내시라

둘째 수도 원운을 차운하였다. 제4구의 하삼평下三平은 제3구에 하삼측下三仄이 있을 경우 요구拗救의 방식으로 사용하기도 한다.
'고화난매古貨難賣'라는 말이 있다. 재능이 뛰어나지만, 현재 쓰이지 못하는 것을 뜻한다. 북송北宋의 대문호인 구양수歐陽修가 〈수곡야행기성유자미水谷夜行寄聖兪子美〉 시에서 그가 아끼던 매요신이 때를 만나지 못하는 것을 한탄하며 이런 표현을 썼다.

[原韻]

雅兄遣使貽新曆
遠勝玉堂黃菊盆
盆菊雖佳纔一月
曆冀終歲案頭存

[원운]

좋은 형이 사람을 보내
새 달력을 주었으니
옥당玉堂의 노란 국화 화분보다
훨씬 낫구나

화분의 국화 비록 아름다워도
기껏 한 달이면 시들지만
달력의 명협은
한 해 내내 책상머리에서 피고 지겠지

看月島

千年戴有一庵子
小島如疣粘地隅
鹹風遼濶吹無盡
獨對滄溟月影孤

* 島在忠南瑞山上有庵子名看月庵(섬은 충남 서산에 있다. 그 위에 간월암이라는 암자가 있다.)

간월도

천 년 동안
암자 하나를 이고서
자그만 섬이
육지 모퉁이에 혹처럼 붙어 있다

멀리서 짠바람이
쉼 없이 불어오는 밤
넓은 바다 위 외롭게 뜬 달을
홀로 마주하겠지

讀郭有道碑文

碑撰多慙德
此唯稱不群
贊評都合跡
節義永傳芬
若乏梁材質
何施郢匠斤
郭公今又出
後必選吾文

곽유도의 비문을 읽다

비문을 짓다 보면
부끄러운 마음이 들게 마련인데
이것만은 다르다고
일컬어진다

칭송하는 말이
모두 그 자취와 부합하니
그의 절의가
길이 향기를 전하겠다

대들보의 재능을 가진 상대가
만약 없다면
영 땅 장인의 도끼를
어찌 휘두를 수 있겠는가

곽공 같은 이가
지금 다시 나온다면
그를 기리는 나의 글도
훗날 반드시 뽑혀서 실릴 텐데

곽유도의 비문은 채옹蔡邕이 지은 것으로 소명태자 《문선文選》에 수록되어 있다. 곽유도는 이름이 태泰, 자가 임종林宗으로 동한東漢의 명사이다.
《장자莊子·서무귀徐无鬼》에 다음과 같은 우화가 있다. 영郢 땅에 사는 사람이 그 코끝에

파리 날개처럼 얇게 백토白土를 바르고 장인匠人 석石으로 하여금 그것을 깎아내게 하였다. 장인 석이 바람 소리가 나게 도끼를 휘둘렀으나 영 사람은 그대로 내맡겨 두었다. 백토가 죄다 깎여 나갔지만, 코는 다치지 않았으며 영 땅 사람도 선 채로 얼굴 표정이 변하지 않았다. 송宋나라 원군元君이 이 이야기를 듣고 장인을 불러들여 다시 한번 시연해 보라고 하였다. 그랬더니 장인은 "이전에는 그렇게 할 수 있었지만 지금은 나를 믿고 받아낼 상대[質]가 없어서 할 수 없습니다."라고 말하였다.

비문을 짓다 보면 아무래도 실상과 다른 좋은 말을 하게 되고, 글로 아첨하는 것 같아 마음이 편치 않게 마련이다. 동한東漢의 저명한 문인인 채옹蔡邕도 마찬가지였던 것 같다. 그런 그가 곽유도의 비문을 쓰고 나서는 노식盧植에게 "내가 전에는 비문을 쓰고 나면 마음에 부끄러웠는데[慙德], 곽유도는 실로 훌륭한 분이라 그를 칭찬해도 마음이 떳떳했다."라고 하였다. 나도 혹 그런 인물을 만나면 문선집에 실릴 좋은 글을 쓸 수 있지 않을까 하는 생각이 들어 이 시를 지었다.

이 시 제5구의 '梁材(양재)'는 대들보로 쓰일 목재라는 뜻인데, 큰 역할을 할 수 있는 인재를 비유한다. '양' 자는 이 글에서 '들보'의 뜻으로 쓰였지만, 나라 이름이기도 하다. 그래서 대구의 '郢(영)' 자와 짝을 지었으니, 이른바 차대借對를 한 것이다.

將進酒

將進酒
傾大白
琴瑟友和歡聲喧
將有幾日似今夕
清露未晞人已老
生無根蒂忽飄陌
逢場會須盡樂事
變今為昔何追惜
我今發歌君莫聽
若聽此歌堪傷臆
雄志拿雲尚不酬
歲如水流返不得
雖作千詩輸肝腦
天荒地老幾人識
進我酒
我心慼
鏡照髮薄歎人衰
今年又暮物態革
秋庭綠葉唯柳枝
南天遙響雁嘖嘖
悵望時節過眼前
百憂交集何以釋

憂絲蔓韌刀不斷

貼身如膠難棄擲

幸有青眼今相對

又有醇酒比琥珀

算飲雖無花枝折

月色不遜春日席

捧甖承槽將共醉

萬斛何可遺一滴

君不聞古時會飲有不釂

兕觥三浮觴政責

술을 드시라

술을 드시라
큰 술잔을 기울이시라
금슬 같은 벗이 어울려
즐거운 소리가 지금 떠들썩하지만
앞으로 며칠이나
오늘 밤과 같을까

맑은 이슬 채 마르기도 전에
사람은 이미 늙어버리고
뿌리와 꼭지 메인 데 없이 살다가
홀연 길바닥에 날리게 되리니
좋은 판을 만나면
즐거운 일을 다 누려야 할 터
오늘이 바뀌어 어제가 되어 버린 뒤
돌이켜 보며 무엇을 애석해하리오

지금 내가 노래하리니
그대들은 듣지 마시라
이 노래를 듣는다면
속이 상할 것이니

구름을 잡겠다 했던 젊은 시절의 씩씩한 뜻

아직 이루지도 못했건만
세월은 흐르는 물과 같아
돌이킬 수 없구나
간과 뇌를 다 쏟아
천 편의 시를 지어본들
오랜 시간 지나 하늘이 황폐해지고 땅이 늙은 뒤에는
몇 사람이나 알아줄까

내 술을 드시라
이내 마음 슬프다오
성긴 머리칼 거울에 비치니
사람이 노쇠했음을 탄식하게 되는데
이 해가 또 저물어
물상이 바뀌었으니
가을 뜰에 푸른 잎이라고는
오직 버들가지뿐
남쪽 하늘의 기러기 우는 소리
멀리 들린다

시절이 눈앞을 지나가는 것을
애달프게 바라보노라니
백 가지 시름이 이리저리 쌓이는데
이를 어찌 풀리오
시름의 실은 질긴 덩굴 같아
칼로 잘라낼 수 없고

아교같이 몸에 딱 달라붙어
떼어내기 어렵구나

다행히 푸른 눈으로 대해주는 벗을
지금 마주하고 있고
좋은 술도 있어서
그 빛이 호박琥珀 같다
봄이 아니어서
꺾은 꽃가지로 마신 술을 헤아리지는 못하지만
달빛만은
봄날의 자리에 손색이 없다

술단지와 술통을 들고
우리 함께 취하려고 하니
만 곡의 술에서
어찌 한 방울이라도 남기겠는가
그대들은 듣지 못했는가
옛날 모여 마실 때 잔의 술을 다 비우지 못하면
술자리의 규정에 따라
큰 뿔잔으로 벌주 석 잔을 마시게 했다는 것을

'大白(대백)'은 큰 술잔을 뜻한다.
'捧罌承槽(봉앵승조)'는 '술단지와 술통을 들다'라는 뜻으로, 유영劉伶의 〈주덕송酒德頌〉에 이 말이 나온다.
'浮(부)'는 벌주를 마시게 하는 것이다.
'觴政(상정)'은 술자리에서의 규칙을 말한다.

冬暖異常
　　時值孟冬路上偶見連翹開花

厭看秕政人心沍
節候乖常却暖融
黔首熬熬望急策
峨冠濟濟外時功
偶逢灌木花光富
顧愍流氓菜色窮
冬減寒威應有以
無家者恨感天公

겨울이 이상하게 따뜻하다
초겨울인데 길에서 우연히 개나리가 핀 것을 보았다.

부실한 쭉정이 정치 지겹게 보느라

인심이 얼어붙었는데

날은 도리어 정상을 벗어나

기운이 따뜻하다

애달파하는 검은 머리 백성들

시급한 구제책만 바라고 있는데

멋들어진 높은 감투 쓴 벼슬아치는

시의時宜에 맞는 일을 외면하고 있는 이 때

우연히 무리지어 자란 나무에서

꽃의 넉넉한 빛을 보게 되니

머물 데 없어 이리저리 떠도는 사람

그 푸성귀 빛 얼굴의 궁색함이 생각나 마음 아프다

겨울에 추위의 위세가 줄어든 데에는

필시 이유가 있을 터

집 없는 자들의 한이

하늘에 계신 어른의 마음을 움직였나 보다

'菜色(채색)'은 제대로 먹지 못하거나 몸이 아파서 얼굴이 푸성귀 빛으로 누렇게 뜬 것을 뜻한다.

秋史古宅白松

特立一章樹
軒然仙鶴姿
高枝蒼葉少
瘦幹白皮奇
土異生何險
歲寒心不移
人間忌孤直
唯得阮翁知

* 阮堂遊中原時得種子植於宅邊樹本分三幹二幹今已枯死(완당 김정희 선생이 중국에 갔을 때 씨를 얻어서 집 옆에 심었다. 나무는 원래 세 줄기로 나뉘어 있었는데 두 줄기는 지금 이미 말라 죽었다.)

추사 고택의 백송

한 그루 나무
홀로 우뚝 서 있어
헌칠한 그 자태
신선이 타는 두루미 같구나

높은 가지에는
푸른 잎이 적고
마른 줄기에는
흰 껍질이 기이하다

토양이 달랐으니
사느라 얼마나 힘들었을까
그렇지만 날이 추워져도
지조를 바꾸지 않았다

세상 사람은
혼자 올곧은 것을 꺼리는 법
오직 완당 어르신이
너를 알아주셨구나

購得阮堂歲寒圖印本贈後凋堂

疏略四株神氣生
滿腔思緒瀉圖盈
越洋遠問情何篤
謫島孤居恨得平
世態常看雲雨改
人心難守柏松貞
感君歲久交恒敬
贈此聊將表寸誠

신현자 씨는 나에게 글을 배웠다고 나를 스승이라 하지만 나는 그를 오래 친구처럼 어긴다. 그가 호를 지어달라기에 후조당이라고 하였는데, '송백후조松柏後凋'의 뜻을 담은 것이다. 추사고택 옆의 가게에서 마침 추사 선생의 세한도 영인본을 팔기에 사서 후조당에게 선물하고 이 시를 지었다.

추사 선생이 제주도에 유배되었을 때 그의 제자인 우선藕船 이상적李尙迪이 청나라에서 구매한 귀한 서적을 보내주었다. 한결같이 스승을 생각하는 제자의 마음에 감동하여 이 세한도를 그려 그에게 주었다고 한다.

《논어·공야장公冶長》을 보면 공자가 안평중晏平仲을 평하면서, "善與人交, 久而敬之.(남과 사귀기를 잘하는구나. 사귄 지 오래되어도 늘 공경하게 대하니.)"라고 하였다.

완당의 세한도 영인본을 사서 후조당에게 주다

소략해 보이는 네 그루 나무에서
신령한 기운이 일어나니
가슴 속에 가득한 심사를
그림에 가득 쏟아 넣었기 때문이겠지

바다 너머 멀리 안부를 물어왔으니
그 정이 얼마나 돈독했던가
섬으로 유배되어 홀로 사는 한을
풀 수 있었으리라

구름과 비 같이 바뀌는 세태世態
늘 보아 왔거니와
사람의 마음은
송백의 곧음을 지키기 어려운 법

그대 사귄 지 오래인데도
항상 공경스럽게 나를 대했으니
이 세한도를 드려
작은 성의나마 표하려 한다

冬日懷川步

雖無芳草美
豈與好山違
頻入雪溪遠
爲憐人跡稀
岩泉汲清水
松嶺望斜暉
遙想幽居樂
獨嗟胡不歸

겨울날 천보를 생각하다

꽃이 핀 풀의 아름다움은
없더라도
좋은 산을
어찌 버릴까

눈 쌓인 먼 계곡으로
자주 들어가리니
사람 종적 드문 것을
좋아해서겠지

바위샘에서
맑은 물을 긷고
소나무 고개에서
비낀 석양을 바라보겠구나

한가한 그대 삶의 즐거움을
멀리서 생각하노라니
나는 왜 자연으로 돌아가지 않는가 하며
홀로 탄식하게 된다

[답시] 答韻山

雖無塵夢亂
豈可作山翁
齒豁欣泉水
顙寬怡晚風
本爲羊氏鶴
漸化甕中蟲
若信幽居樂
相期戲虎龍

• 當地有虎洞龍巖等所(그 지역에 '호동', '용암' 등의 장소가 있다.)

'羊氏鶴(양씨학)'은 양숙자羊叔子의 학으로, 이름과 실질이 서로 맞지 않은 것을 비유한다. 《세설신어·배조排調》에 다음과 같은 이야기가 있다. 유준조劉遵祖가 젊었을 때 중군장군 은호殷浩의 인정을 받아 유량庾亮에게 천거되었다. 유량이 매우 기뻐하면서 그를 채용하여 보좌하도록 하였다. 후에 만나서 이야기를 해보니 들었던 말과 달라서, 유량이 실망하고는 그를 '양공학羊公鶴'이라고 불렀다. 옛날 양숙자가 그가 기르는 학이 춤을 잘 추었기에 사람들에게 늘 자랑을 했다. 그런데 막상 손님이 와서 불러 보았더니, 털만 날릴 뿐 춤을 추려 하지 않았다. 그래서 유준조를 그것에 비유한 것이다. '甕中蟲(옹중충)'은 혜계醯雞, 즉 초파리를 말한다. 이 시에서는 항아리 속에 갇혀 넓은 세상을 보지 못하는 존재라는 뜻이다. 《장자·전자방田子方》에 다음과 같은 이야기가 있다. 공자가 노자를 만나 도에 대한 이야기를 듣고서, 안회에게 "내가 도에 대해 아는 것이 항아리 안의 초파리 꼴이었다. 노자 선생께서 이 항아리 뚜껑을 열어주시지 않았다면 나는 천지의 큰 도를 알지 못했을 것이다."라고 말하였다.

[답시] 운산에게 답하다

풍진 세상 어지러운 꿈이야
이곳에 없다지만
산 늙은이 행세를
내가 어찌 하겠는가

치아가 휑해서
샘물을 좋아하고
이마가 넓어서
저녁 바람을 즐길 뿐

내 본래
양 씨의 학이었거니와
이제는 또
항아리 속의 벌레가 되어 간다

그래도 한갓진 거처의 즐거움을
정녕 믿는다면
호동虎洞의 호랑이와 용암龍巖의 용을
우리 함께 희롱하기를 기대해 본다

歲暮憂時

又當歲律向初歸
國步猶呈季世幾
政策憑虛如覆射
政爭鬥巧勝棋圍
上流旅進唯貪富
下庶孤冤何免饑
咄咄書空一無補
素餐愧與素心違

세모에 시국을 걱정하다

한 해 열두 달이 새로 시작하려는 시점으로
다시 또 돌아가고 있는데
나라의 운세는
여전히 말세의 기미를 보인다

정책이 허황되어 결과를 예측할 수 없는 게
알아맞히기 놀이를 보는 듯하고
정쟁하느라 온갖 계교計巧를 다투니
그 꼴이 바둑판보다 심하다

상류들 떼 지어 하는 짓이
오직 부귀를 탐해서이니
아래 서민들 외롭고 억울해도
어찌 궁핍한 삶을 면하리오

쯧쯧대며 허공에 탄식할 뿐
시국에 조금도 도움이 되지 못하니
무위도식하는 지금의 삶이
평소의 내 뜻과 달라 부끄럽구나

'覆射(복석)'은 그릇 같은 것을 덮어놓고 그 안에 무엇이 있는지 알아맞히는 놀이이다.
'旅進(여진)'은 관리가 주견 없이 행동하는 것을 뜻한다. 왕우칭王禹偁이 〈대루원기待漏院記〉에서 나쁜 관리에 대해 묘사하기를, "旅進旅退, 竊位而苟祿, 備員而全身.(떼 지어

나가고 떼 지어 물러 나와 지위를 훔쳐 차지하고 구차히 녹만 먹으며 인원수나 채우면서 자신의 몸을 보전한다.)"이라고 하였다.

'咄咄書空(돌돌서공)'은 그저 탄식만 하고 있는 것을 말한다. 은호殷浩의 고사에서 유래한 말이다. 《진서晉書·은호전》에 의하면 그가 벼슬에서 쫓겨난 뒤에 종일 허공에다가 손으로 '咄咄怪事[쯧쯧, 괴이한 일이로다]' 넉 자를 썼다고 한다.

'素餐(소찬)'은 '시위소찬尸位素餐', 즉 하는 일 없이 자리만 지키고 녹봉만 받는 것을 말한다.

天才論

隣家有一人
賦性迥異凡
生知避世方
市舍似禪庵
處衆不顧衆
拄頰何思罩
褻如常充耳
玩物樂且湛
傍人慇懃問
不願則口緘
試看恍然坐
眞憨抑佯憨
已乎間間智
敢以測渾涵
世人恐落外
趨勢變晴曇
或見特立者
附耳竊喃喃
僞俗又飾行
表廉裏反婪
不恥匿怨交
懽接撐所銜

夫子應反是
好惡直率談
對好拊脾躍
對惡示難堪
天才何所事
一事注意耽
終朝唯算數
辭典或悉諳
有嘗飯菜美
流涎吻每饞
母情憂體胖
撫腹連食酣
對此或有歎
仁煦欲改芟
焉知呴僂丈
與聖竝駸驔
一味事承蜩
其有玄機函
吾亦有此症
閉門詩句探
但恨進道淺
十中未達三
極境不思得
中士豈與參
相比竟何若

262

小巫面大憨
知友却怪我
專而不能咸
嗟爾何能料
長脛凫不甘
混沌德自然
勿敢鑿孔嵌

천재론

이웃집에 어떤 이가 있는데
타고난 품성이 범인과 아주 다르다
날 때부터 세상을 피해 사는 방도를 알아
저자에 있는 그의 집이 참선하는 암자 같다

무리 속에 살지만 무리를 돌아보지 않고
턱을 괴고는 무언가 생각에 빠져 있다
언제나 귀를 틀어막고서
좋아하는 일에 빠져서 즐거워하는데
옆 사람이 은근하게 물어봐도
원하지 않으면 입을 닫아버린다
멍하니 앉아 있는 것을 보면
진짜 멍청이인지 아니면 멍청이인 척하는 것인지 알 수가 없다
그만두자
분별하는 작은 지혜로 그 넓고 깊은 경지를 측량하겠는가

세상 사람들은 무리에서 낙오되는 것을 두려워하여
시세를 좇아 맑았다 흐렸다 한다
홀로 우뚝 선 사람을 어쩌다가 보게 되면
귀를 갖다 대고 몰래 이러쿵저러쿵 속닥거린다
남을 속이고 또 행동거지를 꾸미는 그들의 작태
겉으로는 청렴하지만 속은 도리어 탐욕스럽다

원한을 숨긴 채 사귀는 짓을 부끄러워하지 않아
품고 있는 원한을 감추고서 사람을 반갑게 맞이한다
그이는 분명 이와 달라서
좋고 싫음을 솔직히 말하니
좋은 것을 대하면 넓적다리를 두드리며 팔짝거리고
싫은 것을 대하면 난감한 모습을 보인다

천재는 무엇을 할까
한 가지 일에 마음을 기울여 탐닉한다
하루 종일 오로지 숫자 계산만을 하든가
사전을 통째로 외우기도 하고
맛있는 음식을 맛보게 되면
침을 흘리며 입이 매번 먹고 싶어 한다
어머니 마음은 몸이 살찔까 걱정하지만
배를 어루만지며 계속해서 달게 먹으니
이런 모습 보고서 탄식하며
어진 마음으로 고쳐주고 싶어 하는 이도 있다
이는 곱사등의 어르신이
성인과 경지를 같이한다는 사실을 몰라서이니
오로지 매미 잡는 것만 일삼는 그 행위에는
신묘한 영성靈性이 담겨있을 것이다

나 또한 이런 증상이 있어
문을 닫아걸고 시구만을 찾는다
다만 원망스럽게도 도에 나아간 경지가 얕아서

열 가운데 셋에도 이르지 못하였다

생각하지 않아도 터득하는 게 지극한 경지

보통 수준의 선비가 어찌 거기에 낄 수 있으랴

비교해 보면 결국 어찌 될까

선무당이 큰 무당을 대면하고 부끄러워하는 꼴이리라

나를 아는 벗이 그런 나를 도리어 타박하기를

한 가지만 오로지 하지 두루 하지 못한다고 하네

아아 그렇구나

오리가 다리 늘려주는 것을 달가워하지 않는다는 사실을 그가 어찌 알겠는가

혼돈混沌은 그 덕이 절로 그런 것

감히 구멍을 뚫지 말아라

'담覃' 운과 '함咸' 운으로 통압通押한 오언고체시이다.

'褎如(유여)'는 귀를 막고 있는 모습이다. 잘 웃는 모습이라는 설도 있다. 《시경·패풍邶風·모구旄丘》에 "叔兮伯兮, 褎如充耳.(여러 대부들이 귀를 꽉 틀어막고 모르는 척한다.)"라는 말이 있다.

'湛(담)'은 즐거워하는 것이다. 《시경·소아·상체常棣》에 "和樂且湛.(화락하고 즐거워하다.)"이라는 표현이 있다.

'間間(간간)'은 따져 분별하는 모습이다. 《장자·제물론齊物論》에 "大知閒閒, 小知間間.(큰 지혜를 가진 사람은 너그럽고 여유가 있으나, 작은 지혜를 가진 사람은 이리저리 따지며 분별한다.)"이라는 말이 보인다.

'拊脾躍(부비약)'은 부비작약拊脾雀躍, 즉 넓적나리를 두드리면서 참새처럼 뛴다는 뜻으로 아주 기뻐하는 모습이다. 《장자·재유在宥》에 이 말이 나온다.

'痀僂(구루)'는 곱사등이다. 《장자·달생達生》을 보면, 공자가 초나라에 가다가 곱사등이 한 사람이 매미를 잡는데 마치 줍는 듯이 쉽게 잡는 것을 보고, 제자들에게 "정신을 집중하면 신의 경지가 된다는 말이 있는데 바로 저 사람이 그러하다"라고 말했다는 이야기가 나온다. 마음을 한곳에 집중하면 최고의 경지에 오른다는 것을 알려주는 우화이다.

'驂驔(참담)'은 함께 나란히 달린다는 뜻이다.

《중용中庸》에 "誠者, 不勉而中, 不思而得, 從容中道, 聖人也.(정성스러운 자는 힘들이지 않아도 도에 들어맞고 생각하지 않아도 터득하여 자연스럽게 도에 합치되니 성인인 것이다.)"라는 말이 있다.

《장자·변무騈拇》를 보면, 오리의 다리가 비록 짧으나 그것을 길게 늘리면 걱정거리가 되고, 학의 다리가 비록 길지만 짧게 하면 슬프게 된다는 말이 있다. 각자 타고난 천성이 있으니 그것에 따라 살아야 한다는 것을 일깨워 주는 이야기이다.

《장자·응제왕應帝王》에 다음과 같은 우화가 있다. 남해南海의 제왕은 숙儵이고 북해北海의 제왕은 홀忽이며 중앙中央의 제왕은 혼돈渾沌이다. 숙과 홀이 어느 날 혼돈의 땅에서 만났는데 혼돈이 매우 잘 대접해 주었다. 숙과 홀이 혼돈의 은덕에 보답하고자 하여 말하기를 "사람들은 모두 일곱 개의 구멍이 있어서 보고 듣고 마시고 숨을 쉬는데, 이 혼돈은 유독 그것이 없으니 한번 구멍을 뚫어주자."라고 하고는 하루에 구멍 하나씩 뚫었는데 칠일이 지나자 혼돈이 죽어버렸다. 이 우화는 인위적인 행위로 천연의 상태를 해쳐서는 안 된다는 사실을 알려 주는 것이다.

謝鴻山惠雉醬

熟豉纔嘗滿口香
又和別味咀山梁
身羸自歎帶圍減
持此加餐將復常

홍산이 내게 꿩장을 준 것에 감사하다

잘 익은 된장을 맛보자마자
입안 가득 향기로운데
또 꿩을 섞어 만들어
그 별미도 쉽게 된다

몸이 허약해져 허리띠가 줄었다고
스스로 탄식하던 차
이것으로 밥을 더 먹고서
평상시의 몸 회복해야지

'山梁(산량)'은 꿩을 가리킨다. 《논어·향당鄕黨》에 보이는 "山梁雌雉(산개울의 다리에 있는 암컷 꿩)"라는 말에서 유래하였다.

贈芸庭

好道今應少
知音古亦稀
輔仁吾豈益
結義子無違
莫學窮人巧
當修巨筆揮
將期刮眼歎
句句唾珠璣

* 芸庭姓權名寧樂(운정은 성이 권씨이고, 이름은 영락이다.)

운정에게 주다

도를 좋아하는 이
지금은 응당 적은데
지음은
옛날에도 드물었지

자네의 어진 덕을 기르는 데에
나는 도움이 되지 못하는데
나와 의리를 맺고서
자네는 이를 어긴 적이 없었지

곤궁한 사람의 시 공교工巧함을
배우지 말고
커다란 붓 휘두르는 경지를
닦으셔야지

눈을 비비면서 보고 감탄할 날
기대하리니
입에서 옥구슬을 뿜어낸 듯
구절구절 찬란하겠지

'시는 시인이 곤궁해진 뒤에 잘 지어진다[詩窮而後工]'라는 말이 있다. 운정이 곤궁한 시인의 시를 배우지 말고 서까래와 같이 큰 붓, 즉 대연필大椽筆을 휘두르는 문장가가 되기를 바란다.

東峯見訪惠梨時吾不在家

　　　手携煩見訪
　　　茶禮薦盤資
　　　物留人已去
　　　遙謝只情馳

동봉이 날 찾아와서 배를 선물했는데 당시 내가 집에 없었다

손수 들고서
번거롭게 날 찾아주었으니
설날 차례에
접시에 담아 올릴 때 쓰라는 게지

물건만 남기고
사람은 이미 가버렸으니
멀리서 하는 감사는
이 마음 그대에게 달려가는 것일 뿐

寄益山

遙問淸州友
雜詩今幾篇
雅心吟癖久
高鑑綴章連
世上知人少
天中明月懸
論文何處再
苦待日如年

* 益山寓居淸州前日告余曰將次杜甫秦州韻以作雜詩二十首(익산이 청주 객지에 살고 있는데, 일전에 내게 말하기를, "앞으로 두보의 <진주잡시이십수秦州雜詩二十首>에 차운하여 잡시 이십 수를 짓겠다."라고 하였다.)

익산에게 부치다

청주의 벗에게
멀리서 묻나니
잡시는
지금 몇 편이나 지으셨나

아정한 마음을 가져
시 짓는 습벽이 오래되었으니
고매한 안목으로
연이어 여러 편을 엮었겠지

세상에는
알아주는 사람이 적은데
하늘에는
밝은 달이 걸려있다

시를 논하는 일
어디에서 다시 할까?
애타게 기다리노라니
하루가 한 해 같다

歲暮有感

鬢添雪色嘆龍鍾
忽去壯年何以從
榮耀已埋冬沍草
強堅徒慕歲寒松
誰憐阮籍謀生拙
自笑嵇康處事慵
幸有吟哦副吾性
詩鄉猶得志情雍

세모의 감상

살쩍에는 눈빛이 더해
노쇠한 꼴 탄식한다
훌쩍 지나가 버린 젊은 날
어찌 되돌아 좇을 수 있으랴

영화롭던 시절은
겨울 날씨에 얼어버린 풀더미에 묻혔으니
강건하고 싶은 심사
세모에도 푸른 솔을 그저 부러워할 뿐

생계를 도모하는 게 엉성한 완적을
누가 가여워하랴
일 처리에 나태한 혜강을
내 스스로 비웃는다

다행히도
시 읊조리는 일이 본성에 맞으니
시 짓는 마을에서
이 마음이 화락하다

除夜嘆

五十何知命
俸工難息機
心中覺陶是
身上作蘧非
月沒棲禽靜
風吹凍葉飛
每年除夜嘆
深與夙期違

도연명은 〈귀거래사歸去來辭〉에서 지난날을 반성하며, "覺今是而昨非.(지금 하는 일이 옳고 지난날이 틀렸음을 깨달았다.)"라고 하였다.
거백옥蘧伯玉은 나이 오십 세가 되었을 때 사십구 년의 지난 행적이 잘못되었다[非]는 것을 알았다고 했다. 《회남자淮南子·원도훈原道訓》 등에 그 이야기가 나온다.

섣달그믐에 탄식하다

나이 오십이지만
어찌 천명을 알리오
월급쟁이 신세여서
기심을 없애기도 힘들었으니

마음으로는
도연명이 옳았음을 깨닫지만
몸은
거백옥이 행한 잘못을 저지르고 있다

달이 지니
깃든 새 조용하고
바람이 불어
얼어붙은 잎이 날린다

해마다 제야에
탄식하니
평소의 내 지향과
심히 어긋나게 살아서라

韻山漢詩 ≪甲申集≫을 읽고

김 준 연
고려대 중어중문학과 교수

1.

학부 2학년 때인 1989년 은사이신 운산 선생님의 당시唐詩 강의를 수강한 이후로 한시의 매력에 빠져 지내온 세월이 어언 35년이 되었다. 시재詩才가 있으면 시를 짓고 시재가 없으면 평론이나 번역을 한다는 것이 운산 선생님의 지론인 줄 안다. 필자에게 시재가 없음을 일찍이 알아 한시를 전공하면서도 애초에 창작은 포기하고 평론과 번역에만 매진해 온 터다. 일전에 한 선배 교수님과 바둑에 대해 열띤 논쟁을 벌인 일이 있었다. 아마추어 유단자인 그 교수님은 바둑을 잘 두지 못하는 사람은 프로 9단의 바둑을 전혀 이해할 수 없다고 하셨고, 10급 정도 두는 필자는 그렇지 않다고 맞섰다. 이제 한시 9단인 운산 선생님의 작품을 10급인 필자가 읽고 감상문을 쓰려고 하니 예전의 그 바둑 논쟁이 불현듯 떠오른다.

운산 선생님은 한시 짓기를 곧잘 도자기 빚기에 비유하셨다. 예컨대 ≪병신정유집丙申丁酉集≫의 서시에서는 "요즈음 그릇을 품평하는 사람을 보면,

눈만 높지 손은 도리어 낮아서, 그릇 하나 만든 경험도 없이, 잠꼬대 같은 말로 그릇이 좋으니 나쁘니 말들 하네.(今看評器者, 眼高手反卑. 一器未嘗作, 夢囈說凡奇.)"라는 구절을 남기셨다. 그릇(한시)을 만들어 본 적이 없는 필자에게 감상문을 쓸 실력이 부족함을 넉넉히 알고도 떠맡긴 일이니, '잠꼬대 같은 말'을 하더라도 심히 타박하지는 않으실 것으로 굳게 믿는다.

운산 선생님은 이번에 펴내신 ≪갑신집甲申集≫ 서시에서도 다시 '도자기론'을 펴셨다. "도자기 만드는 물레는 위대하구나, 그런 일에 장난쳤으니 고생한 게 마땅하다. 일 년 긴 세월을 몽땅 다 쓰고서, 짜부라진 그릇 백 개를 겨우 얻었다.(陶鈞道大哉, 作戱應嘗苦. 浪盡一年久, 僅得百器窳.)" 운산 선생님은 당신의 시작詩作을 '짜부라진 그릇'이라고 겸손하게 표현하셨지만, 필자가 일독한 바로는 이 시집에 수록된 그릇 109개 가운데 실제로 짜부라진 것은 하나도 발견할 수 없었다. 필자가 아는 선생님의 성품상 그런 작품을 버젓이 세상에 내놓을 분도 아니다.

감상문을 쓰기 위해 ≪갑신집≫의 시를 한 수씩 읽다가 <곽유도의 비문을 읽다(讀郭有道碑文)>라는 시에서 한동안 상념에 잠겼다. 이 시에 한나라 때 문인인 채옹蔡邕이 곽유도郭有道의 비문碑文을 짓고 난 감회가 담겨 있었기 때문이었다. 평소 비문을 지을 때마다 느꼈던 아첨하는 기분이 훌륭한 행적을 남긴 곽유도의 비문을 지을 때만큼은 말끔히 사라지고 칭찬해도 마음이 떳떳했다는 것이다. 채옹의 일화는 마음 한편에 있었던 필자의 부담도 깨끗이 지워주었다. ≪갑신집≫의 시를 읽으며 연신 무릎을 치는 필자 또한 떳떳해도 된다는 생각이 들었기 때문이다. 뿐만 아니라 운산 선생님의 ≪갑신집≫ 덕분에 여기에 실릴 필자의 조촐한 이 감상문도 널리 알려질 것을 기대하니 입가에 슬그머니 웃음도 맺힌다.

2.

이 ≪갑신집≫은 운산 선생님이 갑신년인 2004년에 창작한 시를 모은 것이다. 선생님이 지천명知天命의 연세에 접어들던 무렵이다. 이제는 필자도 지천명의 나이를 훌쩍 넘겨서, 평소 은사로 모셔오던 선생님이 현재의 필자보다 젊었을 적 펼쳤던 시상詩想을 따라가는 것도 흥미로운 일이었다. 팽택령彭澤令을 내팽개치고 전원으로 귀의한 도연명陶淵明을 꿈꾸지만 현실에 발이 묶여 그러지 못하는 안타까움이 시집 곳곳에서 진하게 묻어났다. 당시 필자는 경남 김해에 소재한 인제대에서 초임 교수로 바삐 근무할 때여서 운산 선생님을 자주 뵙지 못하던 터였다. ≪갑신집≫을 읽노라니 그때로 돌아가 선생님의 근황을 듣는 느낌이 들었다. 아마도 시에 꾸밈없이 진솔한 생각을 담는 선생님의 작시 성향 때문에 더욱 그럴 것이다.

≪갑신집≫에 수록된 109편의 시를 일별하니, 기증시, 산수전원시, 영회시, 영물시 등의 비중이 높아 보였다. 이들 제재를 중심으로 필자의 눈에 띈 작품들에 간단한 감상을 덧붙이면서 ≪갑신집≫의 주요 내용을 살펴보고자 한다.

먼저 <익산에게 부치다(寄益山)>라는 시다.

遙問淸州友	청주의 벗에게 멀리서 묻나니
雜詩今幾篇	잡시는 지금 몇 편이나 지으셨나
雅心吟癖久	아정한 마음을 가져 시 짓는 습벽이 오래되었으니
高鑑綴章連	고매한 안목으로 연이어 여러 편을 엮었겠지
世上知人少	세상에는 알아주는 사람이 적은데
天中明月懸	하늘에는 밝은 달이 걸려 있다
論文何處再	시를 논하는 일 어디에서 다시 할까
苦待日如年	애타게 기다리노라니 하루가 한 해 같다

시제에 보이는 익산은 EBS 「세계테마기행」이라는 프로그램에서 중국 한시 기행으로 유명한 김성곤 교수님의 아호이다. 이 시에서는 익산 선생님이 두보의 <집주잡시이십수秦州雜詩二十首>에 차운해 시를 짓겠노라던 일이 잘 되어 가는지 물었다. 두보의 <봄날에 이백을 생각하다春日憶李白>라는 시에 "어느 때나 한 동이 술로, 다시 함께 자세히 시를 논할까?(何時一樽酒, 重與細論文)"라는 구절이 보인다. 운산 선생님은 두보가 이백을 떠올리듯 익산을 찾고 있다. 필자가 알기에 익산도 한시 창작에 일가견이 있는 분이다. ≪주역周易≫에서도 '동성상응同聲相應'이라 했으니, 한시를 잘 짓는 분들끼리 만나 술 한 잔 걸치며 시를 논하면 또한 즐겁지 아니 할까. 지음知音의 존재만으로도 세상은 충분히 살아갈 만한 곳이 된다.

이어서 <산을 노닐며 한가로이 읊조리다(遊山閒吟)>라는 시를 보자.

可憐芳意正闌珊　마음 아프게 봄날의 향기로운 뜻 시들어 가도
亦好綠林行徑閑　푸른 숲 사이 길에서 한가로이 걷는 것도 좋은 일
宿霧沾花色明谷　묵은 안개가 꽃을 적셔 꽃 빛이 골짝에 밝고
淸風吹雨影斜山　맑은 바람이 비를 불어 비 그림자 산에 비껴 날리고 있다
那禁馳念煙霞裏　산수 속으로 달려가는 마음 어찌 견디랴
今得抽身書冊間　오늘에서야 책 틈에서 몸을 빼냈으니
醉興不知將日暮　흥에 취해 해 지는 줄도 모르고서
臥聆溪水響潺潺　졸졸 흐르는 시냇물 소리 누워서 듣고 있다

이 시는 초여름날의 아름다운 풍경을 묘사하면서 시인의 감정을 잘 드러냈다. 시인은 자연의 향기를 만끽하고 아름다운 풍경에 감탄하면서 자연 속에서 여유로운 시간을 보내는 행복감을 드러낸다. 졸졸 흐르는 시냇물 소리를 들으며 자연과 하나 되는 듯한 경지에 이르렀기 때문일 터이다. 생생한 자연 묘사와 더불어 '향기로운 뜻(芳意)'이나 '묵은 안개(宿霧)'와 같은 감각적

인 표현이 시에 대한 몰입도를 한껏 높여준다. 필자는 학부 <중국고전시가> 강의에서 운산 선생님의 시 한 수를 뽑아 한 행만 지운 채 학생들에게 마저 채워 오라는 과제를 내주곤 한다. 이와 같은 풍격의 시가 과제로 나가면 학생들이 더 어려워하기 마련이다. 가볍게 묘사한 듯 하지만 사실은 경물의 요체를 파악하는 안목이 없으면 이처럼 시폭에 담기가 쉽지 않은 까닭일 것이다. 운산 선생님의 시는 간혹 정교한 전고로 묵직함을 선보이기도 하지만, 또 이런 시를 보면 강약 조절에도 탁월하다는 생각이 절로 든다.

≪갑신집≫에 실린 작품 중에는 산수나 전원에서 하루를 보내며 감회를 피력한 것이 자주 보인다. 갑신년이 운산 선생님께서 천명天命을 따져 볼 해라서 그런 듯하다. <농가에서 묵으며 감회를 쓰다(宿田家書懷)>라는 시를 감상해 보자.

  溪聲月色總爲詩 시냇물 소리와 달빛 그 모두가 시인 것을
  散步憐宵客獨知 밤이 좋아 이리저리 걷는 이 나그네만 홀로 알 터
  野鷺交情曾宿處 들 해오라기와 정을 나누며 전에 묵었던 이곳
  山雲結約又歸時 산 구름과 약속했기에 오늘 다시 돌아왔다
  功名已棄紅顏慾 공명을 추구하던 홍안의 젊은 시절 그때의 욕심은 이미 버렸거니와
  富貴尤非白鬢期 살쩍이 하애진 지금 부귀는 더더구나 기대할 게 아니다
  此地將來能作主 이곳에서 훗날 주인 노릇을 할 수 있다면
  但貪吟詠樂嘻嘻 그저 시나 읊조리며 희희낙락 살아야겠다

이 시는 밤을 시간적 배경으로 시인의 삶과 감정을 담았다. 시인은 밤의 고요함과 평온함을 묘사하면서 젊은 시절과 현재의 삶을 성찰한다. 시인이 '주인 노릇(作主)'할 수 있는 대상은 부귀나 공명이 아니라 오늘밤 묵고 있는 농가일 터이다. 농가 주변의 시냇물 소리와 달빛이 시를 지을 자산이기 때문

이다. 그런데 시인은 이 시의 부기附記에서 정작 농가의 주인이 되면 이 시의 자산을 발견할 수 있을지 의문을 던진다. 천명을 쉬 따지기 어려움이 여기에 있지 않은가 한다. 사르트르의 표현을 빌리면 인간은 '기투企投'하는 존재이다. 끊임없이 자신을 미래로 던진다는 의미인데, 맘먹고 던지기가 쉽지도 않거니와 자신을 던진 그곳에서 과연 '희희낙락'할 수 있을지 끊임없이 의심하게 되는 것이 인지상정이다. ≪갑신집≫ 한시에 녹아든 철학적 고뇌가 바로 이 문제의 주변을 배회하고 있다고 여겨진다.

운산 선생님의 한시가 영물 묘사에서도 뛰어나다는 점은 익히 알려져 있다. 영물시는 사물에 대한 예리한 관찰과 그것에서 출발해 인사人事로 옮아가는 전이轉移의 수완을 필요로 하는데, 운산 선생님은 이 분야에서 남다른 경지를 개척해 오셨다. 필자가 학창 시절은 물론이거니와 십여 년째 이어오고 있는 두보 시 역해 모임에서도 늘 감탄해 오던 바이다. ≪갑신집≫에도 매화, 진달래꽃, 소나무 등 십여 종의 사물을 노래한 시가 실렸는데, 이 가운데 <진달래꽃(詠杜鵑花)>을 예로 든다.

每隨杜魄發婷婷　매번 두우杜宇의 혼백을 따라 아름답게 피어나니
千歲紅如血吐盈　피를 가득 토한 듯 붉은빛 천년토록 선명하다
假使情踪爲化石　그 마음의 자취가 화석化石이 된다면
瓣斑凝印促歸聲　돌아가자고 재촉하는 소리가 응결되어 꽃잎에 새겨지겠지

이 시는 고요한 서정성과 강렬한 이미지를 통해 진달래꽃을 묘사한 작품이다. '두우의 혼백'이라는 표현으로 자연의 순환과 생명의 지속성을 느끼게 하면서 '피를 토한 듯한 붉은빛'이라는 시어로 강렬한 색채감과 이미지를 선사하고 있다. 특히 제3구에 보이는 '화석'이라는 표현이 참신하다. 이육사의 시 <절정>에서 겨울을 '강철로 된 무지개'라고 역설적으로 묘사한 것처럼,

진달래 여린 꽃잎에 화석 같이 굳은 의지가 새겨진다는 발상이 감탄을 자아낸다. 영물 대상을 세심하게 관찰하고 그것을 둘러싼 역사적, 문화적 배경을 두루 살피지 않으면 이런 시가 나오기는 어려울 것이다.

운산 한시에서 감칠맛을 내는 요소로 해학을 빼놓을 수 없다. ≪갑신집≫에서는 주로 '술'을 소재로 한 시에서 운산 선생님 특유의 해학이 빛을 발하고 있다. <장수 비법을 장난삼아 논해 사람에게 보여주다(戲論延年方示人)>라는 시를 예로 든다.

羲和難退鬢光皤	태양을 되돌리기 어려워서 살쩍의 빛이 하얗게 되었으니
冷冷心灰避酒歌	차갑디차갑게 마음이 재가 되어 술과 노래로 즐기는 일을 삼가는구나
仙府相傳駐顏術	신선이 사는 집에 젊은 얼굴이 변하지 않게 하는 비법이 전하니
流霞快飮代揮戈	그것은 유하주를 유쾌하게 마시는 것 그렇게 하면 창 휘두르는 일을 대신할 수 있으리라

이 시의 자주에 "회식 자리에 양생을 논하며 술 마시는 것을 마다하는 이가 있었기에 장난삼아 이 시를 지어서 흥을 돋우었다"라 한 것에서 시가 창작된 배경을 이해할 수 있다. 회식 자리에서 건강을 이유로 음주를 사양한 분이 있었던 모양이다. '두주불사斗酒不辭'의 운산 선생님이 나서서 시 한 수를 짓지 않을 수 없게 된 상황이다. 당장 ≪회남자淮南子≫에 보이는 '휘과회일揮戈回日'이라는 사자성어가 소환된다. "창을 휘둘러 해를 되돌아가게 한다"는 뜻으로, 본래 용맹하게 싸우는 것을 가리키는 표현이다. 이 시에서는 '세월을 되돌린다'는 의미로 활용되었는데, 술을 사양하는 분의 손사래가 힘들게 창을 휘두르는 모습을 연상시키는 것이 흥미롭다. 유쾌하게 유하주를

마시는 게 오히려 장수의 비법이라는 내용의 결미에서 운산 선생님의 '술 사랑'과 해학이 잘 드러나는 시라 하겠다.

3.

필자는 문학작품이 일상 언어와 차이를 보이는 부분은 내용이 아니라 형식이라는 주장을 견지해 왔다. 한시는 기본적으로 고체와 근체가 있고, 근체는 다시 행 수에 따라 절구, 율시, 배율로 나뉜다. 또 같은 형태라 해도 한 행의 글자 수에 따라 오언, 칠언, 잡언 등으로 나뉘며 각종 다양한 형태를 구성한다. 운산 선생님은 천편일률적으로 칠언율시만 짓는 우리나라 한시 창작의 편향성에서 벗어난 분이다. 당장 이 ≪갑신집≫만 보더라도 고체와 근체, 장편과 단편이 조화롭게 어우러져 있어 다채롭기 그지없다. 오언배율로 이루어진 <농가에서 감회를 적어 서울의 여러 벗에게 28운 시를 부치다(田家述懷寄京城諸友二十八韻)>의 일부를 보자.

志趣元多樣	사람의 지향은 원래 다양한 법
窮通何易評	잘 산 인생이 무엇인지 어찌 쉽게 평하리오
樂天因自得	자득하면 천명을 즐길 수 있고
處世在吾營	세상을 어떻게 사느냐는 내 하기 나름이니
如好田居樂	시골살이의 즐거움을 좋아한다면
誰求仕進亨	어찌 벼슬길에서 잘 되기를 추구하겠는가
鍾山逐浮譽	종산의 주옹은 덧없는 명예를 좇았지만
彭澤詠閒情	팽택령 도연명은 한가로운 정을 읊었지
(중략)	
錦繡犧牛命	수놓은 비단으로 몸을 싼 소의 목숨은
篋盛芻狗牲	띠 풀로 만들어 상자에 담은 개처럼 희생이 되는 법

晉貂毋謂貴	진나라 담비 꼬리 장식을 귀하게 여기지 말 것이니
衛鶴若爲榮	위나라 학이 무슨 자랑이겠는가
後必遐尸位	뒷날 일없이 자리 꿰차고 있는 짓은 멀리해야 할 터
今應學耦耕	그러니 이제부터 짝지어 밭 가는 일을 배워야겠다고
津頭將定向	인생의 나루터에서 내가 갈 방향을 이렇게 정하려 하는데
正否問諸兄	바른 방향인지 아닌지 여러 형들에게 한번 물어보노라

이 시는 자연 속에서의 소박한 삶을 통해 세속적인 명예와 부를 초월하고, 인간적인 유대와 내면의 평화를 추구하는 삶의 가치를 노래하고 있다. 28운으로 이루어져 있으니 4운의 율시 일곱 수가 연이어진 셈이다. 배율을 짓기 어려운 이유는 첫 연과 마지막 연을 제외하고는 줄곧 매 연마다 대구를 맞추어야 하는 데다가 길게 시상을 이어가면서도 의미가 겹치는 '합장合掌'을 피해야 하는 등의 형식적 제약이 많기 때문이다. 그래서 어지간한 공력이 아니면 배율에 손대기가 쉽지 않은데, 운산 선생님은 이런 배율도 심심치 않게 선보이니 후학으로서 감탄을 금할 수 없게 된다. 그뿐 아니다. 배율은 압운자만 아니면 같은 글자를 써도 되는데도 이 시는 56구에 280개의 서로 다른 한자를 단 하나도 겹치지 않게 배치했다. 한시 창작에서 유독 빛나는 운산 선생님의 꼼꼼함을 엿보게 된다.

운산 선생님 지도로 완성한 필자의 박사학위 논문이 《당대 칠언율시 연구》인지라 칠언율시의 격률에 대해서는 필자도 소상히 알고 있는 편이다. 청나라 이중화(李重華)는 《정일재시설貞一齋詩說》에서 "율시에서 평측만 알고 율조律調를 모르면 평생 입문할 수 없다"고 했다. 그가 말하는 율조는 칠언율시에서 운자가 쓰이지 않는 각 연의 출구出句에 상성, 거성, 입성을 번갈아 쓰는 사성체용四聲遞用을 가리킨다. 당나라 시인 중에서는 대표적으로 두보가 이 사성체용을 준수하려고 애썼는데, 두보 시 격률의 적통이라

할 운산 선생님의 한시 또한 그러하다. <한밤의 시름夜思>이라는 시를 예로 든다.

蒹葭已暗夜汀幽(평)　갈대 어둑한 밤의 물가 조용한 때
遙想伊人獨坐樓(평)　그 사람 생각하며 홀로 누대에 앉았다
香夢破曾隨水沒(입)　향기로운 꿈 깨어져 물 따라 사라졌건만
美情殘尙入風浮(평)　아름다운 정은 남아 아직도 바람에 들어 떠다닌다
顆星耿耿光爲浪(거)　반짝거리는 작은 별들 그 빛이 물결을 이루고
弦月漂漂形似舟(평)　흘러가는 반달의 모습 배를 닮았다
今把片心能寄遠(상)　한 조각 마음을 저 달에 실어
天河乘載渡長流(평)　길고 긴 은하수 지나서 멀리 부칠 수 있으려나

이 시는 '그 사람'에 대한 그리움과 이별의 감정을 자연 속에서 표현하고 있다. 꿈과 현실, 자연과 감정의 투영을 통해 화자의 고독한 심정을 생생하게 전달하는 것이 특징이다. 이 시는 하평성 우尤 운을 썼으니, '幽', '樓', '浮', '舟', '流' 등이 운자이다. 그런데 운자가 아닌 출구의 구각句脚 셋을 보면 각각 '沒'(입성), '浪'(거성), '遠'(상성)으로, 이른바 사성체용을 준수하고 있다. 율시가 추구하는 미학 가운데 하나로 '변화와 불변의 조화'를 든다. 구각에 평측을 엇갈아 쓰는 것은 '변화'이고, 운자를 일관되게 쓰는 것은 '불변'이다. 하지만 운자가 아닌 구각에 상성, 거성, 입성 중 어느 한 가지만 쓴다면 이는 '변화'가 부족한 것이다. 이밖에 수구首句에 인운隣韻을 쓰거나 평측 배열에 요구拗救를 활용하는 것 역시 '변화' 모색의 일환이다. 운산 선생님의 한시가 이런 면에 매우 적극적이어서 두시杜詩의 격률을 계승했다고 평가받는 듯하다.

한시의 맛 또는 멋 가운데 하나는 대장對仗이 아닌가 싶다. 대장을 통해 한시는 구조적 대칭미를 추구하면서 의미를 강화하고 운율을 조화롭게 만들

기 때문이다. 다만 일정한 격식을 기계적으로 따르다 보면 유연함이 부족해질 우려도 있다. 운산 선생님이 유수대流水對와 차대借對를 적절히 섞어 쓰는 이유가 여기에 있지 않은가 한다. 아래의 예를 보자.

或聞參入朝官秩　나무가 벼슬아치의 품계를 받았다는 이야기를 듣기도 하였지만
可比承當學者名　학자라는 이름을 받을 수 있은 것에 견줄 수 있겠는가
　　　　　　　　　　－〈소수서원 학자수(紹修書院學者樹)〉

雖迷胡蝶夢　　　비록 나비의 꿈에 미혹될지라도
猶避魯禽傷　　　노나라 새의 재앙은 피할 수 있을 터
　　　　　　　　　　－〈봄날의 상념(春日遣興)〉

過訪遇參香火列　지나다가 들러서 우연히 향 바치는 사람 줄에 나도 끼었으니
仰瞻應有劫波因　이렇게 우러러 뵙게 된 것은 억겁의 인연 때문이겠지
　　　　　　　　　　－〈제비원 미륵불(燕飛院彌勒佛)〉

첫째 시는 유수대의 예이다. 유수대는 출구와 대구가 서로 다른 두 개의 의미가 아니라 하나로 이어지는 것을 가리킨다. 여기서는 두 구가 모두 소수서원의 학자수를 두고 한 말로서 속리산 정이품송正二品松 같은 것이 있다고는 하나 정이품 벼슬이 학자만 못하다는 것이다. 둘째 시는 차대의 예를 보여준다. '胡蝶(호접)'은 한 단어인 '나비'를 뜻하고 '魯禽(노금)'은 두 단어인 '노나라 새'를 뜻하므로 축자적으로는 대장이 이루어지지 않는 듯하나, '胡(호)'가 지역을 뜻하는 경우도 있기에 이를 빌려 대장을 구성한 것이다. 셋째 시에서처럼 한 연에 유수대와 차대가 나란히 구사되기도 했다. 두 구가 하나의 의미로 이어졌으니 유수대요, 한 단어인 '劫波(겁파)'에서 '波(파, 물결)'의

뜻을 빌려 '香火(향화)'의 '火(화)'와 대장을 맞추었으니 차대다. 이처럼 운산 선생님이 여러 편의 시 곳곳에서 현란하게 선보인 대장을 눈여겨 감상하는 것도 ≪갑신집≫을 읽는 쏠쏠한 재미리라 생각한다.

또한 한시에 맛깔난 용전用典이 없다면 다소 심심할 터인데, 장담컨대 운산 선생님의 한시에서는 그럴 우려가 전혀 없다. ≪갑신집≫ 도처에 참으로 다양한 전적으로부터 인용한 전고가 산재한데, 그 중에서 ≪장자≫에 출처를 둔 것이 유독 많은 것이 눈에 띈다. 이 무렵 운산 선생님의 관심과 흥미가 ≪장자≫에 쏠렸던 것으로 짐작된다. 그 가운데 한 수인 <농가에서 우연히 읊다(田家偶吟)>를 예로 든다.

村僻行人少	마을이 외져 다니는 사람 적고
林繁行路遮	숲이 무성해서 다니는 길을 가린다
稼耕非我業	밭갈이는 내 일이 아니거니와
書冊又京家	서책도 서울 집에 두고 왔다
蝶貼庭花靜	고요히 핀 뜰의 꽃에 나비가 붙어 있고
鷺棲麓樹遐	멀리 보이는 산기슭의 나무에 해오라기 깃들었다
斯鄉是無有	이곳이 무하유無何有의 땅이겠지
心地絶紛譁	마음속에 번잡함이 없으니

이 시는 외딴 마을에서 자연과 교감하며, 세속적인 의무에서 벗어나 내면의 평화를 추구하는 모습을 그리고 있다. 시인은 제7구에 보이는 '무하유의 땅'이라는 이상향을 통해 진정한 마음의 평온과 자유를 찾고자 한다. '무하유의 땅'은 ≪장자·소요유逍遙游≫에 보이는 표현으로, 아무것도 없는 자유로운 곳을 가리킨다. 세속적인 가치에서 벗어나 '쓸모없음의 쓸모'에 눈을 뜬 시인의 태도가 잘 드러나는 전고라 하겠다. '斯是無何有之鄉(사시무하유지향)'을 '斯鄉是無有(사향시무유)'로 응축한 시구의 단련도 눈여겨 볼 만하다.

운산 선생님의 전고는 때때로 문면에 잘 드러나지 않게 암용暗用한 경우도 있어 방심은 금물이다. <사패산에 사는 벗에게 장난삼아 써 주다(戲贈賜牌山故人)>라는 시를 예로 든다.

心與閒雲契	마음이 한가로운 구름과 맞기에
占居碧嶺陲	푸른 고개 자락에 집터를 점쳐 살면서
釋經隨手閱	석가釋迦의 경전은 손 가는 대로 읽고
謝屐磬心治	사영운謝靈運의 신발을 마음 쏟아 손질한다
風好登峰數	바람이 좋다고 봉우리에 자주 오르며
月淸歸屋遲	달빛 맑을 때면 집에 느지막이 돌아온다는데
買山吾欠福	산을 사서 그렇게 사는 복 내게 없으니
徒羨鹿門期	녹문鹿門의 기약 그저 부러워만 한다

이 시는 사패산에 사는 벗을 통해 자연 속에서의 한가로운 삶을 동경하며, 현실의 제약 속에서 이상적인 삶을 추구하는 시인의 마음을 담고 있다. 그러나 이렇게만 요약하면 시인이 어디에서 장난기를 발동하고 있는지 모르고 지나가는 셈이 된다. '사령운의 신발'과 '산을 사다'에 숨어 있는 완부阮孚와 지도림支道林의 고사를 알아야 한다. 완부는 신발을 모아 광택 내는 일에 몰두하고, 지도림은 은거를 위해 산을 사려고 했던 인물이다. 이를 통해 시인은 은거를 위해 꼭 산을 살 필요가 있는지, 혹시 산에 몇 번 오르지도 않으면서 등산화에만 집착하고 있지는 않은지 벗에게 캐물으며 농을 던진다. 전고를 이해하고 나면 불법을 가까이 하며 집착을 버리자고 산으로 갔다는 벗이 정작 불경은 설렁설렁 읽으면서 신발에 집착하는 모습이 눈앞에 선해 웃음이 절로 난다. '사패산에 사는 벗'이라는 분도 한시 전문가라 암용한 전고라도 대번 알아챘을 듯 한데 더 센 반격이 없었는지 은근히 궁금해진다.

한시에 일정한 형식이 있다는 것은 일장일단의 양면성을 띤다. 고정된 형식과 클리셰(cliché)가 주는 안정감도 기대되는 반면, 매너리즘에 빠져 늘 그저 그런 진부한 인상을 줄 수도 있기 때문이다. 운산 선생님의 한시에서 실험정신이 강하게 느껴지는 것은 이러한 한시의 단점을 극복하기 위한 노력의 일환으로 보인다. ≪갑신집≫에 실린 <빠진 이를 애도하는 글(弔落齒文)>과 <천재론(天才論)>이 단적인 사례다. 전자가 애조哀弔의 글이라면 후자는 논변論辨의 글로서, 일반적인 시 형식과는 큰 차이를 보인다. 시제에 '문文'과 '논論'을 덧붙인 데서 시인의 의도가 잘 드러난다. <천재론>의 한 단락을 예로 든다.

吾亦有此症	나 또한 이런 증상이 있어
閉門詩句探	문을 닫아걸고 시구만을 찾는다
但恨進道淺	다만 원망스럽게도 도에 나아간 경지가 얕아서
十中未達三	열 가운데 셋에도 이르지 못하였다
極境不思得	생각하지 않아도 터득하는 게 지극한 경지
中士豈與參	보통 수준의 선비가 어찌 거기에 낄 수 있으랴
相比竟何若	비교해 보면 결국 어찌 될까
小巫面大憨	선무당이 큰 무당을 대면하고 부끄러워하는 꼴이리라

이 시는 세속적 가치관에서 벗어나 고독과 자기 성찰을 통해 진정한 자유와 만족을 추구하는 삶을 강조한다. 시의 형식이 오언 고체시라는 점을 감안하더라도 매 구절이 거의 산문투에 가깝다는 점이 확연히 느껴진다. 당나라 시인 한유韓愈가 "산문으로 시를 짓는다"고 제창한 바, 이 시도 그러한 주장에 동조하고 나선 듯하다. 이처럼 시문의 통합이라는 방식으로 한시의 영역을 확장하려고 한 시도는 ≪갑신집≫뿐만 아니라 ≪을유집≫의 <유청학동기(遊靑鶴洞記)>와 ≪병신정유집≫의 <소래산송(蘇萊山頌)> 또한 그러하다. 한시의 다양성을 극대화하여 박물관의 전시품이 아니라 우리 곁에 여전히 살아

있는 생활의 일부로 만들고자 하는 운산 선생님의 노력에 경의를 표한다.

4.

운산 선생님은 ≪갑신집≫의 <세모의 감상(歲暮有感)>이라는 시에서 이렇게 밝히셨다.

> 幸有吟哦副吾性 다행히도 시 읊조리는 일이 본성에 맞으니
> 詩鄕猶得志情雍 시 짓는 마을에서 이 마음이 화락하다

본성에 맞는 일을 하면서 사는 것보다 더 큰 낙이 있을까? 이런 면에서 운산 선생님은 행복한 분이라는 생각이 든다. ≪갑신집≫에 실린 109편의 시를 총평하자면 시를 좋아하는 분이 잘 지은 시의 모음이라 해야겠다. 필자에게는 시 짓기가 그다지 본성에 맞는 일이 아니지만, 시 감상은 그에 비하면 본성에 맞는다고 여긴다. 운산 선생님 덕분에 대가의 반열에 오른 시인이 한 해 동안 창작한 시 모두를 오롯이 감상할 수 있는 기회를 가질 수 있었다. "시 짓는 마을에서 마음이 화락한" 선생님의 모습을 더 오래 보고 싶다.